CW00889124

Dim Heddwch

Er cof am Peter Davies, Goginan

Stôl wag a'r Cŵps ar agor – yn ddistaw
heb bryddestau rhagor,
'mond sŵn grwndi miri'r môr
a hen wylan, sŵn elor.

Y Prifardd Dafydd John Pritchard

Diolch i Gyngor Celfyddydau Cymru am gyfraniad ariannol
a'i gwnaeth hi'n bosibl i mi gael fy rhyddhau o'm gwaith i
ysgrifennu'r nofel hon.

Lyn Ebenzer

Dim Heddwch

Lyn Ebenezer

y Lolfa

Argraffiad cyntaf: 2000

℗ Hawlfraint Lyn Ebenezer a'r Lolfa Cyf., 2000

*Mae hawlfraint ar gynnwys y llyfr hwn ac mae'n anghyfreithlon i lungopïo neu
atgynhyrchu unrhyw ran ohono trwy unrhyw ddull ac at unrhyw bwrpas (ar wahân i
adolygu) heb ganiatâd ysgrifenedig y cyhoeddwyr ymlaen llaw.*

Lluniau'r clawr: Keith Morris

Rhif Llyfr Rhyngwladol: 0 86243 521 8

Cyhoeddwyd yng Nghymru
ac argraffwyd ar bapur di-asid a rhannol eilgylch
gan Y Lolfa Cyf., Talybont, Ceredigion SY24 5AP
e-bost ylolfa@ylolfa.com
y we www.ylolfa.com
ffôn (01970) 832 304
ffacs 832 782
isdn 832 813

Rhan I

Calon wrth Galon

I

OS AM ADNABOD gwir gyflwr unrhyw ddyn, cymerwch gipolwg slei ar ei stafell wely. Mae ei hymddangosiad yn sicr o fradychu gwir sefyllfa'r dyn hwnnw ar yr adeg arbennig honno yn ei fywyd.

Y cyfnod dan sylw yn yr achos hwn oedd diwedd mis Gorffennaf 1979, adeg pan ymddangosai Ynysoedd Gilbert fel petai dyfodol disglair o'u blaen wrth iddynt ennill annibyniaeth a newid eu henw i Kiribati. Ymddangosai Nicaragua hefyd fel petai ar riniog cyfnod newydd wrth i'r Arlywydd Somoza ei heglu hi am ei fywyd, ei wynt yn ei ddwrn a'i ffortiwn yn ddiogel mewn banc yn Fflorida.

Doedd sefyllfa stafell wely Alwyn Mathews ddim mor obeithiol ag un Kiribati na Nicaragua. Ymddangosai fel petai byddin Genghis Khan wedi marchogaeth drwyddi ar ei ffordd i ysbeilio Samarkand, arwydd sicr i unrhyw sbeciwr o absenoldeb trefnusrwydd ei wraig. Hynny yw, gwraig Alwyn Mathews, nid gwraig Genghis Khan.

O ddilyn trywydd ei ddillad o'r drws agored at erchwyn ei wely byddai modd ail-greu trefn, neu yn hytrach anhrefn, eu diosg. Gorweddai un o'i sgidiau y tu allan i'r drws a'r llall y tu mewn, y ddwy heb eu datod. Hongiai un o'i sanau, un lwyd, wrth ddolen drôr y bwrdd gwisgo. Doedd dim sôn am ei chymar. Ar y mat croen dafad rhwng y drws a'r gwely gorffwysai siwmper aflêr a chrys yn dal o'i mewn, tra gorweddai trowser glas, ac un o'i bocedi wedi'i throi y tu chwith allan fel clust mochyn, yn llipa wrth droed y cabinet fel offrwm wrth droed allor. Doedd dim unrhyw olwg o drôns yn unman. Roedd hwnnw, gellid tybio, yn dal am din y cysgadur yn y gwely.

Ar ben y cabinet roedd potel win wag ac wrth ei hymyl wydr wedi disgyn ar ei ochr. Yn y ffrydlif o gochni a lifai ohono ymddangosai'r ddysgl lwch orlawn yn ynys fechan, flêr. Yn gymysg â chochni'r gwin nofiai gwawl gwyrdd adlewyrchiad ffliworesaidd rhifolion y radio larwm a diciai'r eiliadau'n fud gerllaw.

Yn rhyw lwyd-oleuo'r cyfan ymwthiai pelydryn o olau fel bys llechwraidd, busneslyd rhwng llenni pinc a fu unwaith yn goch cyn i lwch amser a haul llawer haf eu gwelwi. Anodd oedd credu bod digon o grebwyll gan berchennog y dillad chwâl i fod wedi llwyddo i ymgymryd â thasg mor gymhleth â chau'r llenni cyn twmblo i'w wâl. Y tebygolrwydd, felly, oedd fod y llenni ynghau am y rheswm syml na chawsant eu hagor y diwrnod cynt.

Gorweddai'r cysgadur ar draws y gwely yn hytrach nag ar ei hyd. O'r herwydd, pwysai ei ben yn erbyn y wal a sticiai ei draed allan dros yr erchwyn fel dail riwbob gwelwon. Bob pum eiliad crynai'r dail riwbob i gyfeiliant chwyrnu rhythmaidd eu perchennog. Wrth iddo dynnu anadl, swniai fel arth mewn gaeafgwsg trwm. Yna, pum eiliad o dawelwch cyn i'r anadl gael ei hyrddio allan gyda rhu nid annhebyg i sŵn lorri warthcg yn dringo dros Fwlch yr Oernant.

Yn sydyn ffrwydrodd y radio'n gacoffoni o dwrw a llanwyd y stafell â lleisiau soniarus yn canu am Freuddwyd Roc a Rôl yn gymysg a blîps stacato'r larwm.

Yn araf dechreuodd y corff swrth yn y gwely symud. Crynodd drwyddo fel petai'r cerrynt trydan o'r radio ar gerdded trwy'i esgyrn. Aflonyddwyd ar rythm y chwyrnu. Trodd y llanw-a-thrai rheolaidd yn gyfres o synau cyflym, pytiog, synau fel pe bai bywyd yn cael ei gicio i hen foto-beic Bantam.

Fel i anghenfil Doctor Frankenstein daeth symudiadau i goesau ac i freichiau'r cysgadur. Symudiadau plyciog, mae'n wir, ond arwyddion sicr o fywyd, serch hynny. Yna, yn reddfol bron, ymestynnodd y corff gorweddol ei law dde o blygion y blancedi tuag at y set radio a oedd yn dal i chwydu allan roc-a-rôl a blîps. Ymwahanodd y bys cyntaf oddi wrth ei gynghreiriaid a disgyn ar fotwm. Ym-ddangosai'r olygfa yn union fel parodi o ddarlun enwog Michaelangelo o Dduw yn ymestyn ei fys wrth greu Adda.

Bydded tawelwch... Pwysodd y bys ar y botwm... A thawelwch a fu.

Diflannodd y llaw yn ôl o dan gawdel blêr y dillad gwely. Troellodd y corff ryw hanner tro. Griddfanodd yn ddwfn. A chyda rhoch a rhech, suddodd Alwyn Mathews, seren fwyaf llachar wybren gyfryngol Teledu Gwalia, yn ôl i drwmgwsg.

2

Fe'n ganed ni oll i fod yn gaeth i rywbeth. Ganed rhai i fod yn weision i waith. Eraill i ddiogi. Rhai wedyn i fercheta. Eraill i arian. Ganed Dewi Moelwyn-Harris i fod yn gaethwas i amser.

Cloc oedd ei galon. Ticiai metronom yn ei ymennydd. Credai rhai o'i gydweithwyr fod y gwcw, bob awr, ac ar yr awr, yn hedfan allan o'i geg. Tystiai eraill iddynt ei glywed yn dadlau â llais cloc llafar y teleffon wrth amau cywirdeb hwnnw. A phe na fuasai'n gyfarwyddwr teledu, Dewi fuasai'r dyn delfrydol i fod yn llefarydd yr amsernod hwnnw. Amser oedd yn rheoli ei holl fywyd ac amser hefyd oedd y prif reswm dros ei fodolaeth. Bob tro y dechreuai lefaru disgwylid clywed y llais undonog Dalekaidd yn cyhoeddi *'After the third stroke it will be...'*

Ei obsesiwn ag amser a barodd iddo, am y trydydd tro o fewn deng munud, edrych ar ei wats. Gwelodd fod y llaw hwyaf wedi symud ddwy funud union ers iddo graffu arni y tro diwethaf. Twt-twtiodd yn ddiamynedd a tharodd wyneb y wats ag un o gymalau bysedd ei law dde cyn troi i edrych ar y cloc ar draws y stafell. Cytunai dwylo hwnnw â dwylo'r wats. Roedd hi'n hanner awr wedi deg.

Drymiodd y cyfarwyddwr bach diamynedd ei fysedd yn fân ac yn fuan ar wyneb ei ddesg a throdd at ei ysgrifenyddes. Wrth ei desg ym mhen draw'r stafell eisteddai Bethan yn dal derbynnydd y ffôn at ei chlust gan ddisgwyl yn ofer am ateb. Eisteddai Roger Edwards wrth ei hymyl a gwên fach foddhaus yn lledu dros ei wyneb wrth iddo redeg bys a bawd ar hyd ei fwstás du trwsiadus. Roedd yn amlwg yn mwynhau pob munud o'r ddrama. Cymerai arno ddarllen y *Western Mail* ond roedd gan Roger bethau amgenach ar ei feddwl.

Cododd Dewi a cherdded â chamau byrion, buan tuag at ei ysgrifenyddes. Cerddai'n ysgafn, yn union fel petai'r carped o dan ei draed wedi'i lunio o blisgyn wy.

"Ble ddiawl mae e? Rwy wedi gwastraffu hanner y bore o'i achos e."

Doedd Dewi ddim yn rhegwr wrth natur. Doedd e ddim chwaith yn rhegwr naturiol. Yn wir, roedd clywed Dewi yn rhegi yn rhywbeth mor annisgwyl â chlywed ceiliog bronfraith yn pesychu. Ond cynhwysai ambell reg er mwyn ceisio creu argraff o gyfarwyddwr caled, di-flewyn-ar-dafod nad ydoedd. O ran yr effaith a gâi ambell 'ddiawl' a 'blydi' ar ei gynulleidfa roedd y cyfan mor ddibwrpas â cheisio yfed te â fforc.

Rhyw esgus pori trwy dudalen flaen y *Western Mail* oedd Roger er bod y brif stori wedi rhoi cryn bleser iddo: Margaret Thatcher a'i gosgordd wedi cyrraedd Cynhad-ledd Gwledydd y Gymanwlad yn Lusaka yn gynnar, mor gynnar fel nad oedd y carped coch wedi'i osod mewn pryd, a Magi yn penderfynu gohirio'i hymweliad nes i'r carped gael ei roi yn ei le. Chwarae teg i'r fenyw, meddyliodd. Roedd ganddi hi steil.

Ond nawr, gan ffugio pryder, plygodd Roger y papur newydd yn ddestlus a'i osod ar y ddesg ac ymunodd yn y dyfalu.

"Pa esgus sydd ganddo fe y tro hwn, tybed? Lluwch-feydd eira yn Llanedeyrn? Daeargryn yn Sblot?"

Chwarddodd yn uchel fel petai newydd adrodd jôc y ganrif. Gosododd Bethan y derbynnydd yn ôl yn ei grud yn bryderus. Anwybyddodd wawdio Roger yn llwyr.

"Does dim ateb, Dewi. Ond falla fod hynny'n beth da."

"Yn beth da!" Gwthiodd Dewi ei fol allan fel ceiliog dandi ar fin canu. "Yn beth da! Be chi'n feddwl, Bethan?"

"Wel, os nad ydi o'n ateb mae'n golygu ei fod o ar ei ffordd yma."

"Neu mae'n golygu nad ydi e wedi cyrraedd adre ers neithiwr."

Cilwenodd Roger yn goeglyd wrth iddo anelu ei sylw at Bethan.

Ond daeth Dewi i benderfyniad. A phan ddeuai Dewi

i benderfyniad byddai hwnnw'n benderfyniad pendant. Neu o leiaf, hoffai feddwl hynny.

"Mae rhai pobol yn defnyddio Teledu Gwalia fel dim byd mwy na man bach cyfleus i gasglu eu cyflog. Nid felly roedd hi pan o'wn i'n ifanc. Diolch byth fod rhai ohonon ni'n dal i fod yn berchen ar egwyddorion."

Tynhaodd gwlwm ei dei a cherdded tua'r drws. Cododd ei olygon at y cloc unwaith eto. "Fedra i ddim disgwyl yn hwy. O'wn i i fod yn swyddfa'r Rheolwr..." syllodd eto ar ei wats... "ddwy funud a chwarter yn ôl."

Yna trodd yn sydyn ar ei sawdl ac estynnodd dudalen memo o'i ddesg ei hun a'i throsglwyddo i Bethan.

"Teipiwch hwn, os gwelwch chi'n dda. Copi yr un i bawb. Ac ewch drosto fe'n fanwl gyda Mathews pan ddaw e i mewn."

"*Os* daw e i mewn," ychwanegodd Roger.

Ni chlywodd Dewi mo'r sylw. Roedd ei feddwl ar bethau amgenach.

"Wedyn fe allwch chi'ch dau fynd adre i baratoi at yfory. Fe gychwynnwn ni am Gaernarfon am un ar ddeg. Ar y dot."

Hanner agorodd Dewi'r drws cyn taflu gweddill ei bregeth dros ei ysgwydd.

"Mae rhai yn credu taw picnic yw paratoi ar gyfer y Brifwyl." A phetai'r gair 'harymff!' yn bodoli y tu allan i dudalennau *Beano* neu *Dandy*, buasai Dewi wedi harymffian yn uchel.

Ond pan oedd Dewi ar fin diflannu, gwthiodd Alwyn ei ffordd i mewn rhyngddo a ffrâm y drws. Gwisgodd ei wên fwyaf diniwed a diymhongar. Roedd wedi ymarfer pob gair a goslef yn fanwl yn y car ar ei ffordd ar draws Caerdydd.

"Sori bo' fi'n hwyr..."

Yn anffodus, ni chafodd gyfle i droi ei ymarfer yn berfformiad. Cyn iddo fedru ychwanegu un gair ymhellach, torrodd Dewi ar ei draws yn ffug-rasol a gorddramatig. Moesymgrymodd fel canwr ar ôl gorffen solo dwp mewn eisteddfod festri.

"A! Mathews! Croeso calon i chi. Rwy'n gweld eich bod chi wedi bod yn ddigon caredig i'n hanrhydeddu ni â'ch presenoldeb. Maddeuwch i fi am alw'r cyfarfod mor fore. Ddylwn i ddim bod mor anystyriol. Mae deg o'r gloch yn arswydus o blygeiniol ac rwy'n sylweddoli fod eich amser chi mor brin."

Ceisiodd Alwyn ymddiheuro eilwaith.

"Mae'n ddrwg 'da fi, Dewi. Y car. Y batri'n fflat. Gwrthod cychwyn. Gorfod galw'r AA a'r rheiny'n hir cyn dod."

"Peth od. Ro'wn i'n meddwl fod Alcoholics Anonymous yn bobol brydlon iawn."

Ond disgynnodd ymgais ddiweddaraf Roger i fod yn goeglyd-ddoniol, fel ei gynigion cynharaf, ar glustiau byddar. Closiodd Dewi at Alwyn gan ymestyn ei hun i'w lawn hyd o bum troedfedd a phedair modfedd a gwthio bys crynedig o dan ei drwyn.

"Gwrandwch, Mathews. Mae gen i gyngor bach i chi. Prynwch gar newydd neu codwch yn gynharach. Ac mae 'na ddewis arall hefyd, wrth gwrs. Peidiwch â thrafferthu dod yma o gwbwl. Yn y cyfamser, fe gewch chi'r manylion i gyd gan Bethan. Bore da."

Camodd allan a chaeodd y drws yn glep ar ei ôl. Tynnodd Alwyn anadl ddofn o ryddhad. Cliciodd ei sodlau, gosododd un bys ar draws ei wefus uchaf a saliwtiodd yn y dull Hitleraidd gan ebychu'n gyfarthaidd.

"Ja, mein Führer."

Yna suddodd yn ddiolchgar i gadair gyfagos ac ystwythodd ei goesau. Pwysodd yn ôl a chododd ei draed i ben y ddesg. Cododd Roger a cherdded tua'r drws. Yna trodd gan anelu saeth eiriol at gefn Alwyn.

"Fe fedre Dewi fod wedi cynnig cyngor arall i ti hefyd. Cer i dy wely'n gynharach. Ac ar dy ben dy hun." Syllodd yn gyhuddol ar Bethan. Wrth iddo wneud hynny trodd y surni yn wên. "Wyt ti am lifft gyda fi?"

"Na, dim diolch, Roger. Mae'n rhaid i mi fynd dros y memo yma gydag Alwyn ac wedyn ei deipio fo."

Diflannodd y wên mor sydyn ag yr ymddangosodd.

"Mae'n siŵr y cewch chi hwyl."

Yna cydiodd yn ei fag a brasgamu allan. Syllodd Bethan yn ddryslyd ar ei ôl.

"Be dw i wedi'i wneud iddo fo rŵan, tybed?"

Edrychodd Alwyn i fyny at y nenfwd a chwarddodd yn uchel.

"Dere 'mla'n, nawr. Paid ag actio mor blydi naïf. Ti'n gwybod yn iawn ei fod e bron â bwrw'i lasog isie mynd â ti i'r gwely."

Yn ffug-flin, chwipiodd Bethan y tudalen memo ar draws ei wyneb.

"Alwyn Mathews, cywilydd arnat ti."

Cydiodd Alwyn ynddi a'i dal yn dynn yn ei freichiau. "Ti'n gw'bod ei fod e'n wir. Ac mae e'n methu godde'r ffaith mai fi yw'r un sy'n cael y fraint a'r pleser o wneud hynny. Dyna be sy'n gwylltio Roji Porji bach. Dyna be sy'n codi gwrychyn ei fwstás e. Ac rwyt ti'n gw'bod hynny cystal â finne."

Ceisiodd Bethan ei rhyddhau ei hun, ond ni frwydrodd yn galed iawn.

"Alwyn, gad lonydd i mi. Beth os daw Dewi'n ôl?"

"Fe fydd e gyda'r pen bandit am hanner awr arall. Beth bynnag, gad iddo fe ddod 'nôl. Fe fyddai gweld rhywbeth fel hyn yn dod ag ychydig o ramant i mewn i'w fywyd bach trefnus a diflas e."

Chwarddodd Bethan yn uchel. Yna cymerodd arni fod yn ddifrifol.

"Wyt ti'n meddwl bod Dewi'n dal i gael rhyw efo'i wraig?"

"Os ydi e, yna fe fedri di fod yn siŵr ei fod e'n trefnu'r cyfan wythnosau ymlaen llaw mewn pwyllgor. Paratoi memo, gwneud recce, trafod y cyfan gyda Lydia'i wraig ac yna marcio'r calendr ar gyfer y noson a gosod y larwm ar gyfer yr amser penodedig. Nid gwraig sydd ei hangen ar Dewi. Fe ddylai fod wedi priodi cloc Machynlleth."

Chwarddodd Bethan ac ailddechreuodd Alwyn ei chofleidio'n chwareus. Dal i frwydro ymlaen heb fawr o benderfyniad wnaeth Bethan.

"Ond Alwyn, mae gen i'r memo yma i'w deipio."

Torrodd Alwyn ar ei thraws.

"Oes, ar ôl ei drafod e gyda fi. Dyna oedd gorchymyn *Mein Führer*. Fe gei di wneud y gwaith teipio bore fory. Mae'r un copi sydd 'da ti yn ddigon i ni fynd dros y manylion. Beth bynnag, dydi'r manylion pwysicaf ddim ar y memo."

"A pha fanylion ydi'r rheiny?"

"Trefniadau'r llety, wrth gwrs. Pwy sy'n cysgu ymhle…"

Ymunodd Bethan yn y tynnu coes.

"… a chyda phwy."

"Yn hollol."

Dechreuodd Alwyn ddynwared dull pwysig Dewi o drafod materion. Cododd o'i gadair a cherdded gyda chamau byrion, prysur o gwmpas y swyddfa.

"Nid peth bach yw trefnu ar gyfer Prifwyl ein cenedl. Mae angen paratoi manwl a thrylwyr. I ble'r awn ni am ein *briefing*, Miss Morris? Eich lle chi neu fy lle i?"

Moesymgrymodd Alwyn o'i blaen fel y gwnaethai Dewi o'i flaen ef funudau'n gynharach.

"Wel, rwy'n disgwyl ateb. Dewch, ar unwaith! *Chop-chop*!"

Chwarddodd Bethan.

"Wel, eich lle chi, Mr Mathews, eich lle chi. A chaniatáu, wrth gwrs, y medrwch chi gychwyn eich car."

"Os yw batri'r *car* yn fflat, mae fy matri *i* yn llawn hyd yr ymylon. Ever Ready, Bethan fach, Ever Ready sy 'da fi."

Cerddodd y ddau allan a'u chwerthin yn diasbedain drwy'r coridor.

3

Yn ôl yn ei swyddfa roedd Dewi'n paratoi ar gyfer gwylio'r rhag-hysbysiad roedd Alwyn wedi'i recordio fel abwyd ar gyfer arlwy'r wythnos o'r Eisteddfod. Ond wrth iddo gynnau'r monitor a rhaglennu'r peiriant fideo yng nghornel y stafell, tarfwyd arno gan gnoc ar y drws. Heb droi o'i orchwyl gwahoddodd y cnociwr i mewn. Yna treuliodd rai eiliadau yn ffidlan â'r botymau wrth geisio cael y ddau beiriant mewn cytgord. Daeth rhyw chwiban main, cwynfanllyd a di-dor o'r monitor wrth i gychwyn y tâp redeg tuag at ddechrau'r trêl. Rhoddodd Dewi bwniad tra annhechnegol i'r peiriant. Ond heb fawr o lwyddiant. Clywodd sŵn peswch o'i ôl. Trodd yn euog, braidd, a gwelodd Roger yn sefyll yno.

"A! Edwards! Trafferth gyda'r peiriant anwadal yma. Pam na all pobol gadw pethau'n syml? Mae angen gradd mewn ffiseg niwclear i ddeall rhywbeth fel hyn. Nawr 'te, beth alla i wneud i'ch helpu chi?"

Trodd hwnnw yn ei unfan am ychydig cyn ateb, yn union fel plentyn ysgol yn ofni gofyn i'w athro a gâi e fynd allan i biso.

"Mae'n ddrwg 'da fi'ch poeni chi, Dewi…"

"Ie, dewch ymlaen. Allan ag e." Braidd yn ddiamynedd oedd yr ymateb gan wneud i Roger deimlo'n fwy lletchwith fyth. "Ro'wn i'n meddwl, Edwards, eich bod chi wedi hen fynd adre."

"Na, roedd gen i ychydig o waith i'w orffen cyn mynd. Beth bynnag, ro'wn i wedi gobeithio cael gair gyda chi cyn gadael. Gair bach… preifat."

Syllodd Dewi arno braidd yn ddryslyd. Trodd i gael cipolwg brysiog ar y sgrîn ac yna ar ei wats. Ochneidiodd mewn rhwystredigaeth a diffodd y peiriant fideo gan wahodd Roger i eistedd.

"Mae'n bwysig i fi weld trêl Mathews yn ei gyfanrwydd. Dw i ddim wedi'i weld e o gwbwl wedi iddo gael ei olygu ac fe fydd y cyfan yn cael ei ddangos i'r genedl ymhen dwy awr. Fe glywsoch chi, mae'n debyg, fod Cynghorwyr Caernarfon yn anfodlon iawn ar y portread o'r dre a ddangoswyd ar HTV nos Fawrth."

"Do, Muriau Segontiwm. Fe wnes i ddarllen yr adroddiad yn *Y Cymro.*"

Rhwbiodd Dewi ei ddwylo gydag afiaith.

"Ma' Muriau Segontiwm wedi troi yn Furiau Jericho i HTV. Ydyn, mae Cynghorwyr Caernarfon yn gandryll. Ac ar ben hynny mae technegwyr HTV yn edrych yn fwy tebygol nag erioed o fynd ar streic dros y Steddfod. Felly dyma'r amser i ni fynd â'r maen i'r wal ac elwa ar eu trafferthion nhw."

Yna, yn sydyn, sylweddolodd fod amser yn cael ei afradu. Syllodd ar y cloc a difrifolodd.

"Ond dewch nawr, Edwards, dwedwch eich dweud. Beth alla i ei wneud i chi?"

Pesychodd Roger gan fradychu ei nerfusrwydd unwaith eto.

"Ynglŷn â'r rhaglenni o'r Eisteddfod…"

"Ie, ie, dewch ymlaen. *Chop-chop*. Beth amdanyn nhw?"

"Wel, rhyw feddwl o'wn i y cawn i gyfle i wneud rhywbeth mwy na jyst casglu storïau y tro hwn."
Gwenodd Dewi wên fach gyfrinachol. Gwyddai o'r gorau beth oedd wrth wraidd yr ymweliad.

"Cyflwyno, dyna be hoffech chi ei wneud, ontefe?"

Neidiodd Roger at y cyfle fel brithyll yn codi at bluen. "Wel ie, yn union. Meddwl y gallwn i… "

Ond roedd Dewi gam o'i flaen.

"A dweud y gwir rwy wedi bod yn meddwl am yr union beth. Fe wnaethoch chi waith da iawn i ni o'r Sioe Frenhinol dair wythnos yn ôl. A hynny ar fyr rybudd, diolch i broblemau priodasol Mathews."

Siriolodd Roger.

"Diolch yn fawr. Fe fu'r ymateb yn ddigon calonogol, er mai fi sy'n dweud hynny."

Ond buan y torrwyd ei grib gan y cyfarwyddwr bach.

"Wrth gwrs, mae hi'n llawer rhy hwyr i newid unrhyw gynlluniau ar gyfer y Steddfod. Fe gawson ni bythefnos o rybudd cyn y Sioe. Ddim hanner digon, mae'n wir. Ond am y Steddfod, mae popeth wedi'i hen drefnu."

Cerddodd Dewi o gwmpas y swyddfa yn ei osgo myfyrgar gorau.

"Y flwyddyn nesa, pwy a ŵyr. Fe wna i feddwl am y peth. Gwnaf, fe gadwa i'r syniad mewn cof."

Closiodd Roger ato gan geisio cuddio'i siom.

"Rhyw feddwl o'wn i am ambell eitem fach anffurfiol, rhyw dair neu bedair munud ar y mwyaf. Ambell sgandal fach, er enghraifft."

Meddyliodd Dewi am ychydig.

"Mm... ie, os cewch chi damaid blasus neu ddau, wel *fine*, dewch â nhw."

Sionciodd Roger trwyddo a gwenu.

"Iawn, fe wna i hynny. Mae 'da fi gontacts reit dda cyn belled ag y mae'r Eisteddfod yn y cwestiwn. Fydd pob un ddim yn barod i siarad yn gyhoeddus, wrth gwrs."

"Iawn, Edwards. *Fine*. Dewch â phob stori fach flasus yn bersonol i fi. Wedyn fe wna i bwyso a mesur yr hyn fydd gyda chi fel defnydd ar gyfer eitemau. Yna fe gaiff Mathews eu cyflwyno nhw yn ei ddull pryfoclyd ei hunan."

Rhuthrodd Roger i'w gyfiawnhau ei hun.

"Gyda phob dyledus barch i Alwyn, dydw i ddim yn ei gweld hi'n deg iddo fe gael y clod pan mai pobol fel fi sy'n gwneud y gwaith caib a rhaw. Fi sy'n darganfod y storïau. Gen i mae'r contacts iawn."

Gosododd Dewi ei bwys ar ymyl y ddesg a mabwysiadodd ei arddull bregethwrol gan fradychu ei fwriad cynnar o fynd i'r weinidogaeth. Tynnodd anadl ddofn, boenus.

"Ie, Edwards bach, fel'na mae hi. 'Eraill a lafuriasant, ninnau a aethom i mewn i'w llafur hwynt,' chwedl y Gair."

Cododd ac ymsythodd. Yna cerddodd o gwmpas ei ddesg cyn syllu ar ei wats ac at y cloc ac yna draw at sgrîn wag y monitor yn y cornel.

"Ie, Edwards, fel 'na mae pethau, ysywaeth, yn yr hen fyd yma. Dydi bywyd ddim yn deg, fel y gwn i cystal â neb, a hynny o brofiad. Y *front man* sy'n cael y clod bob tro tra fod pobol fel ni, sy'n llafurio yn y winllan, yn gorfod bod yn anhysbys."

"Rwy'n falch eich bod chi'n deall," mentrodd Roger, yn ddigon cloff.

"O, ydw, rwy'n deall. Fe gymerodd ugain mlynedd, pymtheg ohonyn nhw gyda'r Bîb, i fi lwyddo i ddringo i ben yr ysgol. Blynyddoedd hir, diddiolch. Fe ddaw eich cyfle chi. A hynny'n gynt nag 'ych chi'n 'feddwl, falle. Mae Mathews wedi mynd ychydig yn rhy fawr i'w sgidiau. Heb sôn am y ffaith fod ei fywyd personol yn gwneud i Sodom a Gomora ymddangos fel Gwersyll Llangrannog. Fe wnâi ysgytwad bach les iddo fe."

Daeth gobaith newydd i lygaid Roger.

"Fe garwn i'n fawr gael y cyfle."

"Fe ddweda i beth wna i, Edwards. Os ffeindiwch chi stori fach addawol, dewch ata i, fel dwedais i. Wedyn, pwy a ŵyr. Dw i'n addo dim, cofiwch, ond fe gawn ni weld. A chofiwch beth ddwedais i'n gynharach, Edwards. Os mai'r *front man* sy'n cael y clod pan fo pethau'n mynd yn dda, fe hefyd sy'n gorfod derbyn y feirniadaeth pan fo pethau'n mynd o chwith."

Cododd Dewi. Roedd y wers ar ben. Cerddodd at y monitor yn y cornel ac ailgyneuodd y peiriant fideo. Ailchwibanodd y tâp yn undonog ac ymddangosodd patrwm ar y sgrîn ac yna rhifau.

Ar goll yn nirgelion technegol yr oes, prin y gwnaeth Dewi ddymuno "Dydd da nawr" wrth i Roger ddal i sefyll ar ganol y swyddfa. Closiodd Dewi at y sgrîn. Yna gwaeddodd ar ôl Roger wrth i hwnnw gyrraedd y drws.

"Cofiwch, Edwards, mae croeso i chi aros gyda fi yma i wylio'r trêl."

"Na, gwell i fi fynd."

Y peth olaf roedd Roger am ei weld oedd gwep hunanhyderus Alwyn blydi Mathews yn syllu arno.

"Mae 'na lawer o waith o 'mlaen i heno."

Gadawodd Roger yn gymysgedd o hyder ac ansicrwydd. Eisteddodd Dewi i wylio'r trêl ac wrth gyfri'r eiliadau hiraethodd am y cyfnod cyn dyfodiad y peiriant fideo cythreulig. Gynt fe fyddai pawb yn gweithio fel tîm, y criw ffilmio a goleuo, y cyflwynydd, y cyfarwyddwr a'i griw, y cynhyrchydd. A hyd yn oed y golygydd. Ond nawr roedd popeth ar wahân a phawb yn gaeth yn eu hadrannau bychain eu hunain fel ieir batris.

Yna, ar y monitor, ymddangosodd y rhifau olaf a chyn cyrraedd rhif pump, tywyllodd y sgrîn cyn ailoleuo wrth i logo Eisteddfod Caernarfon a Gwyrfai 1979 ymddangos. Gafaelodd Dewi mewn potel o'r cwpwrdd ac arllwysodd ddwy fodfedd o win coch i wydr. Cododd y gwydr a'i droelli gan achosi i'r hylif chwyrlïo fel pwll tro. Yna fe'i cododd a'i ddal rhyngddo a'r golau. Ac yn ddefodol fe'i gostyngodd at flaen ei drwyn. Aroglodd yn ddwfn ac yna, gan gau ei lygaid, gosododd y gwydr wrth ei wefusau a chymerodd sip bach ysgafn. Gadawodd i'r gwin olchi'n araf dros ei dafod cyn iddo, gydag ebychiad o fwynhad, ei lyncu. Yna eisteddodd yn ôl wrth i wyneb Alwyn Mathews ddisodli golygfeydd o Gaernarfon. Gwenodd yr wyneb a llefarodd y cyflwynydd.

"Fyddai Eisteddfod ddim yn Eisteddfod heboch chi, Eisteddfodwyr. Ond nid pawb ohonoch chi fedr fod yno. Felly, bob nos, gan ddechrau nos Sul, byddwn yn cyflwyno rhaglen ddeugain munud ar eich cyfer chi o'n stiwdio allanol ar y Maes. Fe gewch chithau, fynychwyr yr ŵyl, gyfle hefyd i gnoi cil ar ddigwyddiadau'r dydd. Yn ogystal â rhoi cyfle i chi fwynhau rhai o'r perfformiadau buddugol, byddwn hefyd yn sgwrsio â'r bobl fydd yn y newyddion ac yn gwneud y newyddion. Byddwn yn codi ambell sgwarnog, ynghyd ag ambell wrychyn, mae'n siŵr, ac yn bwrw golwg ymlaen at ddigwyddiadau drannoeth... "

Sipiodd Dewi'r *Chianti* yn fodlon. Oedd, roedd Alwyn Mathews, er ei fod e'n gythraul bach gwamal a di-ddal, yn cael hwyl arni. Dim byd yn syfrdanol o ran cynnwys, dim ond ffeithiau syml wedi'u cyflwyno'n syml gydag arddull seml. Dyna gyfrinach cyfathrebu. Hynny, a chyfarwyddo da, wrth gwrs. A'i waith anoddaf wrth gyfarwyddo Alwyn Mathews oedd ei ffrwyno. Petai e'n cael penrhyddid fe âi e'n rhy glyfar, yn rhy slic. Bwriad Alwyn fu agor gyda'r geiriau 'Co fi yn nhre'r Cofi'. Llawer rhy glyfar. Roedd e wedi rhoi stop ar hynna. O, oedd. A chwarae teg i Mathews, roedd e wedi ildio.

Cododd Dewi ei wydr mewn cyfarchiad i'r dyn ar y sgrîn ac i'w waith cyfarwyddo ef ei hun.

4

Ac oedd, roedd Alwyn Mathews wedi cael hwyl arni wrth iddo, ddwy awr yn ddiweddarach o'i wely yng nghwmni Bethan, wylio'r trêl yn cael ei ddarlledu'n gyhoeddus am y tro cyntaf, yn union fel petai'n delediad byw.

"... Mewn geiriau eraill, fe fyddwn ni ar Deledu Gwalia yn paratoi ar eich cyfer yr arlwy llawnaf posib o Brifwyl y Cymry yn nhre'r Cofis. Ymunwch â ni nos Sul am un ar ddeg o'r gloch, ac ar bob noson o'r wythnos. A chofiwch, os na fedrwch chi ddod i'r Eisteddfod, fe ddown ni â'r Eisteddfod atoch chi. Rwy'n edrych ymlaen at eich cwmni."

Toddodd gwahanol ddelweddau ar y sgrîn yn gelfydd i'w gilydd gyda golygfa o'r awyr o'r dref yn troi yn siot o dyrau'r castell a'r rheini yn eu tro yn gweddnewid i lunio arwydd cyfriniol yr Orsedd. Wrth i'r sgrîn droi'n dywyll bu eiliad neu ddwy o dawelwch. Yna, llamodd Alwyn allan o'r gwely'n noeth i gymeradwyaeth chwareus Bethan a diffodd y set.

"Da iawn, Mr Mathews. Perfformiad ardderchog."

Neidiodd Alwyn yn ôl ati o dan y dillad gan afael ynddi.

"Pa berfformiad? Hwnna ar y teli neu'r perfformiad blaenorol?"

"Roedd y naill cystal â'r llall."

"Falle dy fod ti'n iawn. Wir, roedden nhw'n berfform-iadau mor dda, rwy awydd rhoi *standing ovation* i fi'n hunan. A gan i ti fwynhau'r profiad cymaint, beth am *repeat performance*?"

Ceisiodd Bethan, heb fawr o argyhoeddiad, ei rhyddhau ei hun o'i freichiau. "Cofia, nid ar Deledu Gwalia rwyt ti rŵan, felly dydi *repeat performance* ddim yn golygu *repeat fee*."

Chwarddodd Bethan gan ildio'i hun yn llwyr.

"Alwyn Mathews, rwyt ti'n ddyn drwg."

5

Teimlai Roger Edwards yn flin. Nid ei fod ef ei hun yn sylweddoli hynny. Rhywbeth greddfol iddo oedd teimlo'n flin y dyddiau hyn. A pha ryfedd? Dyma fe, yn chwech ar hugain oed gyda gradd 2B mewn Cymraeg, yn gwneud gwaith ymchwil y gallasai merch ddeunaw oed, yn ffres o'r ysgol, ei gyflawni.

Teimlai nad oedd y gwaith yn cynnig unrhyw her iddo bellach. Nawr, petai'n gweithio yn yr adran newyddion fe fyddai pethau'n wahanol. Ond na, yn hytrach na dilyn hanes blasus ambell lofruddiaeth erchyll neu sgandal ym mywyd rhyw wleidydd amheus roedd disgwyl iddo chwilio barn rhyw blydi Derwydd mewn pais ar safle'r wers rydd yng nghystadleuaeth y Goron neu ofyn barn rhyw griw *blue rinse* o Ferched y Wawr am brinder a chyntefigrwydd adnoddau'r tai bach ar y Maes. A hyd yn oed petai e'n dod o hyd i rywbeth diddorol, byddai'n rhaid iddo fwydo'r cyfan i Alwyn blydi Mathews.

Ie, Mathews fyddai'n cael y gacen bob tro ac yntau'n gorfod byw ar y briwsion. Roedd y sefyllfa yn un gwbl annheg. Pwdryn fel Mathews yn cael ei drin fel rhyw seren lachar. Ie, pwdryn. Methiant yn y coleg ac yn gadael yn gynnar heb radd. Gadael? Na, cael ei daflu allan. Dyna'r gwir. Ond Mathews, yn ôl ei arfer, yn elwa trwy lurgunio'r gwir gan ddarlunio'i hun fel rhyw *drop-out* ffasiynol.

Gosododd Roger y dilledyn olaf yn y bag olaf ac eisteddodd wrth y bwrdd gan gymryd sip o goffi. Gwgodd. Roedd y coffi yn oer ac yn chwerw. Mor oer ac mor chwerw â'i deimladau ef ei hun. Rhyfedd, meddyliodd, sut câi rhai eu geni'n lwcus. Ef fyddai'r cyntaf i gyfaddef nad oedd e'n ysgolhaig wrth reddf. Fe fu'n rhaid iddo weithio'n galed i sicrhau gradd o unrhyw fath.

Hyd yn oed wedyn, pan sicrhaodd waith yn y byd darlledu, bu'n rhaid iddo ddioddef edliw slei y rheiny oedd yn mynnu mai trwy ddylanwad ei dad y cawsai'r swydd.

Ond nid Roger fyddai'r cyntaf na'r olaf, o bell ffordd, i gael ei dderbyn ar gyfer gyrfa ddarlledu ac yntau'n fab y Mans. Neu'n fab i Fesyn. Ac yn ei achos ef, roedd y ddau gymhwyster yn berthnasol. Câi Mathews, ar y llaw arall, ei dderbyn fel un o'r bois am ei fod e'n fab i labrwr cyffredin. Mab i labrwr? Y ffaith oedd fod ei dad wedi bod yn berchen ar gwmni adeiladu. Ond na, roedd mab i labrwr, neu ddyn caib a rhaw, fel y dywedai Mathews, yn swnio'n well. A gwyddai Alwyn yn dda sut i chwarae cerdyn y gwerinwr syml. A wnâi e ddim cyfaddef, wrth gwrs, fod ei dad ef hefyd yn Fesyn. Ddim cweit yn fasiwn, ond yn Fesyn. Bu bron iawn iddo wenu. Fe ddeuai'r dywediad bach yna'n ddefnyddiol rywbryd.

"Does gen i ddim gradd a dydi 'nhad ddim yn weinidog Methodist. Rwy wedi cyrraedd drwy fy ymdrechion fy hun."

Dyna ei bregeth fawr wrth y bar neu wrth y bwrdd coffi, yn arbennig os byddai merch ifanc o fewn clyw. A dyna'r math o frolio, o snobyddiaeth tu chwith, oedd wedi llwyddo i rwydo merch ifanc ymddangosiadol gall fel Bethan. Siawns na ddylai merch oedd wedi graddio mewn athroniaeth lwyddo i weld trwy gyfrwystra rhywun fel Mathews. Ond oedd, roedd yr hen wireb honno'n wir – gwell cael eich geni'n lwcus na chael eich geni'n gyfoethog.

Cododd, gwisgodd ei gôt. Beth wnâi e heno, felly? Mynd allan i'r Conway? Na, gormod o blydi bobl ifanc yno gyda'u bryd ar fod yn sêr teledu. Merched ifainc gyda'u gobeithion a'u sgyrtiau mor uchel â'i gilydd yn troi o gwmpas actorion a chyflwynwyr fel gwenyn o gwmpas pot jam.

Oedd, roedd Dewi'n iawn. Y *front man* oedd yn cael y sylw i gyd. Doedd gan neb ddiddordeb mewn rhyw bwt o ymchwilydd ceiniog a dimau. Roedd y profiad o gyflwyno o'r Sioe Frenhinol wedi bod yn gam sylweddol ymlaen, mae'n wir. Ond pwy o blith criw'r Conway fyddai wedi gwylio'r rhaglenni hynny? Yr unig ferched a fyddai'n cofio'i weld fyddai merched fferm, a'r rheini'n drewi o silwair a dom da. A fyddai'r rheini ddim yn debyg o fod yn y Conway.

Na, pobl fel Alwyn blydi Mathews fyddai'n mynd â sylw pawb. Ond os oedd e'n wir mai'r *front man* wnâi ddenu'r sylw mwyaf pan fyddai pethau'n mynd yn dda, onid oedd sylw arall Dewi hefyd yn wir? Onid y *front man* fyddai hefyd yn destun gwawd pan âi pethau o chwith?

Na, wnâi e ddim mynd i'r Conway. Fe âi yn hytrach i glwb y gwaith. Fe fyddai llond y lle o'i gydweithwyr, mae'n wir, ac fe gâi lond bol ar siarad siop. Ond fe fyddai hynny'n well na bod adre'n hel meddyliau. Felly, y clwb amdani.

6

Tra oedd Alwyn yn smygu ar erchwyn y gwely, eisteddai Bethan o flaen drych y bwrdd gwisgo yn cribo'i gwallt. Syllodd i fyw llygaid y ferch a edrychai yn ôl arni. Oedd, roedd hi'n dipyn o bishyn er mai hi oedd yn dweud hynny. Ei thrwyn ychydig yn rhy bwt, hwyrach, a'i chroen braidd yn welw. A'i bronnau. Fe allai'r rheini fod ychydig yn llawnach. Bronnau mawr fyddai'n denu sylw.

Yna safodd a throi i edrych arni'i hun dros ei hysgwydd yn y drych. Pen-ôl siapus. Dyna oedd wedi denu sylw Alwyn gyntaf. Medrai gofio'n dda ei ebychiad tawel, ond eto'n ddigon uchel iddi hi ei glywed, yn y ciw yn y cantîn yn ystod ei hwythnos gyntaf. Siarad â Roger roedd Alwyn ar y pryd. Roedden nhw'n medri goddef ei gilydd bryd hynny. Ac roedd hi'n dal i gofio'r geiriau.

"Diawl, Roj, edrych ar y tin siapus 'na. Mor grwn â botwm corn, 'achan."

Ac os oedd hi'n medru cofio'n iawn, fe wnaethai Roger gytuno. Fe ddylasai hi, wrth gwrs, fod wedi ymateb yn chwerw i sylw mor siofinistaidd. Estyn slap ar draws ei wyneb, hyd yn oed. Ond na. Pan drodd a gweld y wên fachgennaidd, ddiniwed fedrai hi wneud dim byd ond gwrido. Roedd ei ddiniweidrwydd wedi dwyn yr holl wynt o'i hwyliau. A nawr roedd hi ac Alwyn yn 'eitem', fel y dywedai Dewi, druan.

Cofiai'n dda hefyd y cyfarfod hwnnw yn swyddfa Dewi pan fu'r cyfarwyddwr anesmwyth yn ceisio'i orau i esbonio wrthi'r sefyllfa anodd y câi ei hun ynddi.

"Fedra i ddim llai na sylwi, Miss Morris, eich bod chi a Mathews yn dipyn o ffrindiau. Wel, yn dipyn mwy na ffrindiau."

Yna tawelwch annifyr wrth iddo edrych ar ei draed a chwarae efo'i dei tra ceisiai ganfod y peth iawn, y peth diplomataidd, i'w ddweud.

"Mae Mathews, fel y gwyddoch chi'n iawn, mae'n siŵr, yn ddyn priod. A fyddwn i ddim am i chi gael eich brifo."

Bu bron iddi bwffian chwerthin ar y pryd.

"Bethan. Galwch fi'n Bethan."

Ond na, chwarae teg i Dewi am feddwl am ei theimladau. Dim ond wedyn y daeth yn amlwg nad hynny oedd uchaf ar ei feddwl.

"Chi'n gweld, Miss Morris... Bethan... fy ngwaith i yw llywio llong sefydlog, wastad a fyddwn i ddim am weld perthynas bersonol rhyngoch chi a Mathews yn gwneud unrhyw beth i wyro'r llong oddi ar ei chwrs a'i chwythu ar y creigiau, fel petai. Mae angen criw cytûn i hwylio llong wastad. Ond, dyna fe, os ydych chi a Mathews yn... wel, yn eitem, wel *fine*. Pwy ydw i i ymyrryd?"

Bu bron iawn iddi ei saliwtio a chyhoeddi, *"Aye, aye, captain Birdseye"*.

Anodd oedd credu bod blwyddyn wedi mynd heibio ers hynny, blwyddyn ers iddi sicrhau Dewi ei bod hi'n ddigon hen i lawn sylweddoli'r hyn roedd hi'n ei wneud. Ond oedd hi'n sylweddoli'r hyn roedd hi'n ei wneud, mewn difri?

Os nad oedd hi'n siŵr o hynny, roedd hi'n siŵr am lwyddiant ei gyrfa. Roedd hi wedi gwneud yn dda. A naw wfft i Dewi. Nid pob merch oedd yn ddigon handi i fachu pysgodyn mor fawr ag Alwyn Mathews. Taflodd gipolwg arno, y mwg o'i sigarét yn cordeddu o gwmpas ei ben fel corongylch sant. Ac ar adegau fe allai fod yn sant. Ond ddim nawr. Roedd rhywbeth yn ei boeni.

"Mae'n well i ti frysio, Alwyn. Dwyt ti ddim wedi cychwyn pacio eto."

Dim ymateb o gwbwl o erchwyn y gwely. Yn y drych medrai weld ei lygaid yn dilyn trywydd y mwg a godai o'r sigarét.

"A deud y gwir, rwy'n teimlo'n eitha cyffrous. Meddylia am y peth. Cael treulio wsnos gyfan yn y Steddfod. Cael aros mewn gwesty pedair seren. Dim ond mewn pabell dw i wedi bod yn aros o'r blaen. A hynny dim ond ar ddiwadd y Steddfod. Ond eleni, moethusrwydd llwyr a chael fy nhalu ar yr un pryd. Oeddat ti'n teimlo'n gyffrous pan est ti i dy Steddfod gynta?"

Aeth eiliadau o dawelwch heibio cyn iddo ateb.

"Ugain mlynedd yn ôl... "

"Beth?"

"Ugain mlynedd yn ôl. Ugain mlynedd union yn ôl. Dyna pryd y treulies i wythnos gyfan yn y Steddfod am y tro cynta. Ac yng Nghaernarfon roedd hi bryd hynny hefyd. Nefoedd fawr. Mae ugain mlynedd wedi pasio. Wedi hedfan heibio. Rwy wedi croesi'r canol oed heb i fi hyd yn oed sylweddoli hynny."

Trodd Bethan o'r drych wedi drysu braidd. "Hei, llai o'r hiraethu 'na, Mr Phylosan, neu fe ei di'n hen cyn dy amsar."

Cododd Alwyn. Gwasgodd weddill ei sigarét i'r ddysgl lwch. Trodd a phwysodd ar silff y ffenest ac edrychodd allan ar y ceir yn hyrddio heibio'r tŷ.

"Rwy'n teimlo'n hen yn sydyn."

"Wel, dwyt ti ddim yn ymddwyn fel hen ddyn. Fe fedra i dystio i hynny."

Ond ni chafodd ei hymgais i ysgafnhau'r awyrgylch unrhyw effaith arno. Caeodd ei lygaid a dechreuodd adrodd, a hynny gyda dwyster a synnodd Bethan.

"Cans diwedd mabolaeth yw diwedd y byd,
Dechrau'r farwolaeth a bery cyhyd.
Diwedd diddanwch, a rydd i'r hwyr
Ei ysbeidiau o haul cyn y paid yn llwyr..."

Fedrai Bethan ddim deall y peth. Dechreuodd chwerthin. Ond na, gwelodd fod Alwyn yn gwbl o ddifri. Beth allai fod wedi dod drosto? Nid dyma'r Alwyn hapus, ffwrdd â hi oedd bob amser mor ysgafn a dihidio.

"Dwyt ti ddim wedi rhoi cynnig am y Goron, na dim byd gwirion felly, wyt ti?"

Unwaith eto, anwybyddodd hi.

"R Williams Parry. Diawl, roedd e wedi'i deall hi. Roedd e'n gwybod beth oedd cyrraedd y canol oed. Ro'wn i'n astudio'i waith e ar gyfer Lefel A. Rhyfedd fel mae pethau'n dod 'nôl fel hyn."

Teimlai Bethan ar goll braidd.

"Be sy wedi codi arnat ti, dwed? Un funud, dyma ti'n llawn hwyl heb un gofal. Ond rŵan rwyt ti'n sôn am bethau fel diwedd y byd."

"I fi mae heneiddio yn ddiwedd y byd. A chyrraedd y canol oed yw'r cam nesa at hynny."

Taniodd sigarét arall a thynnodd arni'n ddwfn ac yn fyfyrgar.

"Dyna i ti beth od. Mae llawer o'n ffrindiau i yn medru dweud i'r diwrnod pryd croeson nhw'r ffin i'r canol oed. Rhyw ddigwyddiad mawr yn garreg filltir. Llofruddiaeth Kennedy, er enghraifft, oedd diwedd gobaith ieuenctid i rai. Marwolaeth Elvis ddwy flynedd yn ôl wedyn. Fe fu hynny'n dipyn o ergyd gan i fi, mewn ffordd, gyd-dyfu gydag e a'i ganeuon. Ond doedd hyd yn oed hynny yn ddim byd o'i gymharu â hyn. A meddylia, o ddifri. Yr hyn sydd wedi gwneud i fi sylweddoli hynny yw rhywbeth mor ddibwys â mynd i'r blydi Steddfod."

"Na, Alwyn bach, nid henaint ydi o."

Cododd Bethan ac ymunodd ag ef wrth y ffenest. Safai yno'n syllu allan a'i gefn tuag ati.

"Dim henaint ond euogrwydd. Meddwl amdani hi rwyt ti rŵan, yntê? Meddwl am Carol. Ac am y plant."

Trodd Alwyn tuag ati, wedi'i synnu braidd.

"Beth sy'n gwneud i ti awgrymu hynny?"

"Fedri di mo 'nhwyllo i, 'sti."

Ysgydwodd ei phen yn araf a gwenodd.

"Falla 'mod i'n ifanc, ond rwy'n dallt dynion. O leiaf, fedra i dy ddallt di."

Trodd Alwyn eilwaith at y ffenest. Tynnodd ei ddwylo drwy'i wallt.

"Na, does neb yn fy neall i. Ddim hyd yn oed fi fy hunan."

"Os bu yna ystrydeb erioed, hwnna ydi o. Dyna esgus pob dyn priod dros gael perthynas gyda merch arall. Alwyn, paid â bod yn gymaint o hen siwd," gwatwarodd ef yn ysgafn.

"'Does neb yn fy neall i.' Sawl dyn sydd wedi defnyddio'r fath esgus i gael ei ffordd gyda merch tybed? Ro'n i'n disgwyl gwell gen ti."

Ni chafodd unrhyw ymateb. Gwthiodd Bethan ef yn ysgafn i'r naill ochr ac eisteddodd ar silff y ffenest a'i wynebu. Cydiodd yn ei law. Roedd hi'n oer.

"Dyna ti eto. Euogrwydd. Pan mae dyn priod newydd fod yn anffyddlon i'w wraig mae e'n cael pwl o euogrwydd, o hunandosturi."

Rhyddhaodd Alwyn ei law o'i gafael yn ddiamynedd a cherddded yn ôl at erchwyn y gwely ac eistedd.

"Diolch, Marjorie blydi Proops, am dy ddadansoddiad. Beth bynnag, dim ond mewn enw yn unig mae gen i wraig."

"Gwawdia di faint fynnot ti. Ond threuliais i ddim tair blynedd yn astudio seicoleg heb ddysgu rhywbeth am feddylia pobol."

Trodd Alwyn ati'n swta. Roedd hi wedi cyffwrdd â nerf tra sensitif.

"O, mae'n ddrwg gen i. Rwyt ti'n Bethan Morris BPhil, wrth gwrs. Mae gen ti gynffon fach gyfleus ar ôl dy enw. Pam ddiawl wyt ti'n gwastraffu dy amser fel rhyw bwt o ysgrifenyddes, Duw a ŵyr."

Gwridodd Bethan gyda chymysgedd o ddicter a siom. Ond, gydag ymdrech, llwyddodd i frathu'i thafod.

"Fe ddylet ti, o bawb, wybod pam. Dim ond dros y

gwyliau y llynedd roeddwn i wedi bwriadu gweithio yma. Y prif reswm pam wnes i dderbyn cynnig Dewi i aros ymlaen yma oedd dy bresenoldeb di. A dydw i ddim wedi difaru gwneud hynny. Wel, ddim tan rŵan, beth bynnag."

Cododd Alwyn a malodd fodfedd o sigarét yn y ddysgl lwch. Ymbalfalodd am un arall. Roedd y pecyn yn wag. Gwasgodd y bocs rhwng ei ddwylo a'i daflu dros ei ysgwydd i gyfeiriad y bin sbwriel.

"Ie, Bethan Morris, BPhil. Mae gofyn i bobol gael gradd cyn pigo'u trwynau y dyddiau hyn."

Ysgydwodd Bethan ei phen mewn anobaith. Sawl tro roedd hi wedi clywed y bregeth hon ganddo? Hyd at syrffed. Lledodd ei breichiau a chyhoeddodd yn uchel fel arweinydd noson lawen.

"Ac yn awr, ar ôl cyfarfod ag Alwyn Mathews, y carwr mawr, rhowch groeso i Alwyn Mathews, y sinic."

Curodd ei dwylo yn araf ac yn wawdlyd. Swatiodd Alwyn yn bwdlyd ar erchwyn y gwely.

"Fedri di ddim gwadu nad yw'r hyn ddwedes i'n wir."

Ond, am unwaith, gwrthododd Bethan feirioli. Yn y cyflwr hunandosturiol hwn gwyddai ei bod hi'n anobeithiol ceisio ymresymu ag e.

"Jyst am dy fod ti wedi cael dy daflu allan o'r coleg. Dyna'r esgus, yntê? Dyna'r gwir. Rwyt ti wrth dy fodd yn chwara rhan rhywun sy wedi disgyn yn aberth i'r byd academaidd."

Saethodd Alwyn ei lygaid tuag ati.

"Cywiriad. Nid cael fy nhaflu allan wnes i. Gadael o 'ngwirfodd wnes i. Methu godde'r blydi bywyd artiffisial 'na yn Aber."

"Yn ôl Roger, cael dy daflu allan wnest ti."

Trodd Alwyn yn swta.

"Paid â chredu gair gan y diawl hwnnw. Ro'wn i yn y coleg yr un adeg ag e. Prin y gwnaeth e grafu trwy'r cwrs gradd. 'Tawn i wedi mynd ati o ddifri fe fyddwn i wedi cael gradd dosbarth cynta yn hawdd."

Cerddodd o gwmpas y stafell gan barhau â'i bregeth heb iddo hyd yn oed edrych ar Bethan.

"Gadael oedd y cam calla wnes i erioed. 'Tawn i wedi mynd ymlaen i ennill gradd, hwyrach y byddwn i'n athro ysgol heddiw yn gwneud pethe cyffrous fel sychu tinau plant bach, casglu arian cinio a mynd â'r dosbarth i Langrannog."

Torrodd allan i ganu'n goeglyd.

"Bing! Bong! Bing bong-be! Plant bach Ifan ap ydyn ni, bob un! Bing! Bong! Bing bong-be!"

Yna taflodd ei hun ar ei hyd ar y gwely a thorrodd allan i chwerthin yn uchel.

Aeth hanner munud o dawelwch heibio cyn i'r naill na'r llall dorri gair. Alwyn oedd y cyntaf i ymddiheuro. A hynny braidd yn lletchwith.

"Sori. Ond ti'n gwybod yn iawn sut wy'n teimlo am bobol coleg."

"Rwy i'n un o bobol coleg."

"Wyt, ond rwyt ti'n wahanol. Ti yw'r eithriad sy'n profi'r rheol. Ti'n deall, on'd wyt ti?"

Meddalodd Bethan.

"Ydw, dw i'n dallt. A ddylwn i ddim dy wylltio di gymaint. Ond ro'n i'n iawn, ond o'n i?"

Syllodd Alwyn arni'n ddryslyd braidd. "Iawn am beth?"

"Dy fod ti'n gweld colli Carol a'r plant."

Oedd, roedd hi'n iawn. A chystal fyddai iddo gyfaddef hynny. Oedd, roedd e yn teimlo'i cholli hi. A gweld colli'r plant yn fwy fyth. Ac roedd ei dawelwch yn ddigon i

Bethan sylweddoli iddi daro ar y gwir.

"Mi wyddwn i 'mod i'n iawn. Wyt ti'n dal i'w charu hi?"

Sut yn y byd fedrai e ateb yn bendant y naill ffordd neu'r llall? A oedd teimlo colli rhywun yn golygu cariad? Roedd e'n teimlo colli ei hen gyfaill Joe, ond doedd e ddim mewn cariad ag ef. Rhyfedd sut daethai Joe, o bawb, mor sydyn i'w feddwl. Dyma beth oedd codi sgwarnog, a honno'n sgwarnog frith o'r gorffennol. Meddwl am y blydi Steddfod oedd wedi deffro pethau, wedi agor hen ddrws gwichlyd a fu ynghau am flynyddoedd.

"Dwyt ti ddim am fy ateb i?"

Methodd gelu ei diffyg amynedd. Yna, fel petai hi'n edifarhau, cydiodd yn ei ddwylo a syllodd i'w lygaid. Ond osgôdd Alwyn ei golygon. Tynnodd Bethan ei hun yn rhydd a throdd Alwyn ei gefn arni. Plethodd ei freichiau a syllodd mewn penbleth ar sgrîn wag y set deledu.

"Os oes raid i ti gael gwybod, na, dydw i ddim mewn cariad â hi. Fe fu hwnnw farw flynyddoedd yn ôl. Hynny yw, os bues i erioed mewn cariad â hi. Ond fedri di ddim treulio deng mlynedd yn briod â rhywun heb deimlo rhywbeth, gwahanu neu beidio. Mae'n rhaid fod yna ryw fymryn o rywbeth, galw fe'n beth fynni di, yn aros."

"Fedra i ddallt hynny."

Syllodd Bethan yn anniddig ar ei thraed. Teimlai'n anghysurus.

"Ond rwyt ti'n gwneud i fi deimlo'n euog rŵan."

Sylweddolodd Alwyn iddo ymddwyn braidd yn annheg tuag ati. Trodd a chydiodd yn ei dwylo a'r tro hwn syllodd i fyw ei llygaid.

"Does dim angen i ti fod, wir i ti. Oni bai amdanat ti wn i ddim sut byddwn i wedi dod drwyddi. Fe fyddwn i naill ai wedi gwallgofi neu wedi troi'n alcoholig. Neu'r ddau, hwyrach. Ond eto i gyd rwy'n teimlo'i cholli hi weithiau."

"Does dim rhaid i ti ddweud hynny. Mae o'n amlwg." Edrychodd Alwyn arni gyda phetruster. Ond na, doedd dim arlliw o surni ar ei hwyneb.

"Hyd yn oed yn y gwely gynnau, pan oeddet ti yn 'y mreichiau i, ro'wn i'n teimlo mai Carol oedd yn dy feddwl di. Wnest ti ddim sibrwd ei henw ond fe fedrwn i deimlo mai hi, i ti, oeddwn i."

Prysurodd Alwyn i'w chywiro a'i chysuro. Cydiodd amdani'n dynn.

"Bethan fach, paid byth â meddwl hynny. Dydw i ddim yn ei cholli hi yn yr ystyr rywiol. Ddim o gwbwl."

Adfeddiannodd Bethan ei hun. Roedd ei meddwl chwilfrydig, er gwaetha'r posibilrwydd o gael ei brifo, am wybod mwy. Roedd hi am gael y sicrwydd hwnnw ei bod hi'n fwy na chymar gwely iddo. Eisteddodd ar yr erchwyn a, heb orfod yngan gair, gwahoddodd Alwyn i egluro'i sefyllfa a'i deimladau. Eisteddodd yntau wrth ei hymyl a chydiodd yn ei llaw.

"Cystal i fi gyfaddef… a chofia nad ceisio fy nghyfiawnhau fy hun rydw i nawr… ond ar ôl gwefr yr wythnosau cyntaf, dim ond dyletswydd fu rhyw i Carol erioed. Ei gyflawni fel gorchwyl, am y teimlai mai dyna beth ddylai hi ei wneud. Ddim oherwydd ei bod hi am ei wneud."

"Yn wahanol i mi, felly?"

Roedd gwên ar ei hwyneb wrth ofyn y cwestiwn.

Gwenodd Alwyn yn ôl arni a gwasgodd hi'n glòs.

"Yn wahanol iawn i ti."

Gan esgus pwdu, tynnodd ei hun yn rhydd o'i afael a chamu'n ôl oddi wrtho.

"Dydw i ddim yn gwybod sut dylwn i gymryd hyn. Wyt

ti'n awgrymu nad ydw i'n ddim byd gwell na hen hoeden fach dinboeth? Hen nympho fach bowld sy'n barod i neidio i'r gwely ar ôl un chwiffiad o *Old Spice*?"

Heb fod yn gwbl siŵr ai cellwair oedd hi ai peidio penderfynodd chwarae'n saff a chadw'r sgwrs ar lefel ddifrifol.

"Ti'n gwybod beth wy'n feddwl. Ond roeddet ti'n iawn yn yr hyn ddwedest ti'n gynharach."

"Beth?"

"'Mod i'n gweld ei cholli hi. Ond mewn ffordd wahanol iawn i'r hyn oeddet ti'n ei awgrymu. Y pethe bach sy'n gwneud i fi deimlo'i cholli hi. Pacio ar gyfer fory, er enghraifft. Fe wyddai hi'n reddfol beth fyddwn i ei angen. Gwneud yn siŵr fod gen i ddigon o barau o sanau, er enghraifft. Dyna un o 'ngwendidau mawr i, anghofio newid fy sanau."

Ffroenodd Bethan yr awyr yn yr ystafell a chrychodd ei thrwyn.

"Yn hynny o beth rwy'n ei dallt hi'n berffaith."

Anwybyddodd Alwyn y sylw. Roedd wedi ei ddal yn rhuthr ei deimladau.

"Dyna beth yw gwraig i fi. Rhywun sy'n deall fy anghenion i cyn fy mod i fy hunan yn sylweddoli hynny."

Gwthiodd Bethan ef yn ôl yn chwareus.

"Alwyn Mathews, dwyt ti ddim byd gwell na hen shofinist. Shofinist rhamantus, os oes y fath beth yn bod. Mi gâi unrhyw seiciolegydd haint wrth geisio dy ddadansoddi di. Mi fedret fod yn destun cynhadledd seicoleg gyfan."

Y tro hwn ymunodd Alwyn yn y cellwair.

"Paid â meiddio pregethu seicoleg wrtha i eto."

Yna difrifolodd.

"Ond falle bod yr hyn wyt ti'n ei ddweud yn wir. Cofia, rwy'n teimlo colli'r plant yn llawer dyfnach. Colli eu chwerthin nhw, eu crio nhw. Colli gorfod mendio coes doli blastig Catrin. Colli mynd â Rhodri i gêm bêl-droed ar ddydd Sadwrn."

"Wyt ti wedi'u gweld nhw'n ddiweddar?"

Nid atebodd ar unwaith. Fe'i câi hi'n anodd penderfynu pwrpas y cwestiwn. Oedd e'n gwestiwn oedd yn dilyn yn naturiol o'r sgwrsio? Neu a oedd Bethan yn teimlo eiddigedd? Beth bynnag oedd y pwrpas, dewisodd ddweud y gwir.

"Na, ddim ers mis bellach." Edrychodd am arwydd o ryddhad ar wyneb Bethan. Ni welodd hynny.

"Fyddan nhw na Carol ddim yn y Steddfod. Ond fe fydd y plant yn dod yma am ychydig ddyddiau'r wythnos wedyn."

"Heb Carol?"

Cwestiwn bach cynnil yn gofyn am gadarnhad.

"Heb Carol. Dyw hi ddim yn teimlo fel dod gyda nhw. A fedra i ddeall pam. Teimlo y bydd hi'n anodd cwrdd â hen ffrindiau. Fe fyddai eu llwybrau nhw'n siŵr o groesi. Ddim bod angen iddi deimlo unrhyw ofn. Mae pawb yn gwybod mai fi oedd ar fai. Ond mae hi'n teimlo cywilydd yr un fath, a hynny am ei bod hi'n beio'i hunan."

Amneidiodd Bethan ei phen. Roedd hi'n deall. Ac o weld hynny ysgafnhaodd agwedd Alwyn. Rhwbiodd ei ddwylo ac aeth at y cwpwrdd ac arllwysodd wydriad o win.

"Beth bynnag, dyna ddigon o ymdrybaeddu yn fy nhrueni fy hunan. Fi, o bawb, sy'n casáu seicolegwyr yn arllwys fy mhroblemau o dy flaen di. Mae'n ddrwg 'da fi."

Cydiodd mewn gwydr arall ond fe'i ataliwyd rhag ei

lenwi gan Bethan.

"Na, ddim i fi. Gwell i mi fynd. Mae hi'n hen bryd."

Cododd Alwyn ei wydr ei hun fel petai'n cynnig llwncdestun iddi.

" Diolch am wrando."

"Croeso. Unrhyw amser."

Cerddodd ato a phlannodd gusan ar ei foch.

"Mae'r ymgynghoriad cyntaf am ddim. Mi fydda i'n codi tâl am yr un nesaf."

Cerddodd allan ond cyn diflannu'n llwyr gwthiodd ei phen yn ôl heibio'r drws.

"Wela i di fory. A chofia, dim hel meddylia. A dim gormod o win, chwaith."

Gwenodd Alwyn yn llydan arni a chododd ei wydr mewn ffarwél.

"Sdim isie i ti fecso. Dim ond *Sanatogen* yw e."

Clywodd sŵn traed Bethan yn gymysg â'i chwerthin wrth iddi brysuro i lawr y grisiau.

7

Ym mar clwb Teledu Gwalia roedd pum munud ar hugain cyn *stop-tap*. Eisoes roedd Frank, y barman, yn casglu gwydrau gwag ac yn glanhau'r byrddau wrth i wahanol griwiau o yfwyr wahanu a throi am bryd o gyrri yn yr Eurasian neu fannau hwyr tebyg. Gwenodd Frank. Am unwaith roedd gobaith am noson gynnar a chall.

Difethwyd ei freuddwyd gan sŵn cnocio gwaelod peint gwag ar wyneb fformeicaidd y bar. Doedd dim angen iddo droi i weld mai Roger Edwards oedd yno, a hwnnw yn ei hwyliau drwg arferol. Pwy, tybed, oedd wedi piso ar ei Gorn Fflêcs y tro hwn?

Llanwodd y barman y gwydr peint gwag â ffrwd o *Barley Bright*, neu Farlys Gloyw, fel byddai'r pethau bach ffasiynol a oedd ar staff Teledu Gwalia mor hoff o'i ddweud. Doedd ganddo ddim amser i'r giwed ifanc o'r trefi a'r pentrefi oedd wedi heidio i Gaerdydd i weithio ar y cyfryngau Yn enwedig y blydi Gogs. Gyda'u Cymraeg diddiwedd, a'u Saesneg a oedd bron iawn yr un mor annealladwy, doedd ganddyn nhw ddim parch at rywun fel ef oedd wedi'i godi yn y dociau lle'r oedd iaith Somali a hyd yn oed Rwsieg i'w clywed yn amlach na Chymraeg. Eu cred yn eu clyfrwch oedd yr hyn a'i gwylltiai fwyaf. Colsyn oedd wisgi. Kosygin a chalch oedd vodka a leim. Allfor oedd *Export*. Diolch byth, roedd y rhan fwyaf ohonynt wedi hen adael am Indian neu barti hwyr. Trueni na fuasai'r diawl hwn wedi gadael gyda nhw. O leia doedd hwn ddim yn Gog. Roedd hynny yn rhyw fath o gysur.

Gwthiodd y peint llawn tuag at benelin Roger a gwenodd yn ffals. Talodd hwnnw am ei ddiod heb hyd yn oed dorri gair. Taflodd Frank liain dros y pympiau cwrw fel rhyw awgrym bach anghynnil i'r diawl diserch y byddai'n cau ar yr amser penodedig.

Yn llwyr ddiarwybod o deimladau cudd y barman, eisteddodd Roger yn ôl i sipian ei gwrw chwerw. Blasai fel piso gwidw. Yn wahanol i'r cwrw, er na ddangosai'r ffaith, teimlai braidd yn llariaidd. Roedd ganddo achos dros deimlo felly.

Rhyfedd, meddyliodd, sut medrai lwc rhywun newid mor sydyn. Petai e wedi mynd i'r Conway yn hytrach nag i'r clwb heno, rhywbeth yr oedd wedi'i ystyried, ni fyddai'r stori wedi disgyn ar ei blât fel manna o'r nefoedd. Wel, nid stori yn hollol ond hedyn stori.

Pan gyrhaeddodd y clwb roedd y lle'n orlawn. Ond er bod nifer helaeth o'i gydweithwyr ymhlith y criwiau ni theimlodd fel ymuno â nhw. Roedd Roger wedi hen syrffedu ar sgwrsio am gyflog ac am oriau gwaith, pynciau arferol gweithwyr Teledu Gwalia. Hynny yw, nes i'r alcohol droi eu meddyliau at fenywod a sgandals. Penderfynodd felly dreulio awr neu ddwy wrtho'i hun yng nghornel y bar. Ond wrth iddo gymryd ei lwnc cyntaf teimlodd rywun yn cyffwrdd â'i ysgwydd. Trodd yn ddiamynedd. Roedd yn gas ganddo rywun yn ei gyffwrdd er mwyn tynnu ei sylw. Ond ni allai adnabod wyneb y gŵr a safai'r tu ôl iddo.

"Roger Edwards?"

"Ie, be fedra'i wneud i chi?"

Ateb swta bwriadol. Ymddangosai'r dieithryn yn annifyr.

"Mae'n ddrwg gen i ymyrryd arnoch chi fel hyn. Mwy na thebyg na fasach chi'n fy adnabod i. Raymond ydw i. Ond roedd Edwin, fy mrawd… Edwin Ashton… yn y coleg gyda chi."

Oedd, roedd Roger yn cofio Edwin. Bu'n rhannu stafell gydag e am dymor. Yn anffodus roedd Edwin hefyd yn ffrind i Alwyn Mathews. Ffrind mynwesol.

"Rhyw feddwl oeddwn i," meddai'r llanc yn gloff, "y basach chi'n fodlon cael gair â'r stiward er mwyn i mi gael peint. Roeddwn i fod gyfarfod â ffrindiau yma ond mae'n ymddangos eu bod nhw wedi gadael."

Bu bron i Roger ddweud wrtho yntau am fynd i'r diawl. Ond heno teimlai'n raslon ac aeth allan i'r cyntedd at y stiward i arwyddo'r llyfr ar ran y llanc dieithr. Ac fe dalodd y ffafr ar ei chanfed. Neu o leiaf, fe wnâi dalu yn y dyfodol.

Mater o fwrw'i fara ar wyneb y dyfroedd.

Yn dilyn rhyw fân siarad deallodd Roger fod Edwin Ashton bellach yn byw yng nghyffiniau Caernarfon ac yn aelod o un o bwyllgorau'r Eisteddfod. Fe allai hynny fod o ddiddordeb. Aeth peint yn ddau beint ac aeth dau yn dri ac yn bedwar a pharodd hynny i dafod yr hen Raymond, brawd Edwin, lacio wrth dewhau.

Roedd Raymond wedi deall gan ei frawd fod stori fawr i ddod allan o'r Brifwyl, rhywbeth ynglŷn â'r Goron. Ni wyddai fwy na hynny. Ond roedd rhywbeth anarferol iawn ar fin digwydd, rhywbeth nad oedd wedi digwydd erioed o'r blaen yn yr Eisteddfod. Y newydd drwg oedd fod Edwin wedi addo rhoi'r stori i Alwyn. Ond roedd yna newydd da hefyd. O wybod rhag blaen gallai Roger, o fod yn wyliadwrus, elwa'n sylweddol. Rhywfodd neu'i gilydd fe wnâi'n siŵr mai i'w gôl ef y disgynnai'r manna eisteddfodol.

Yn awr, gyda Raymond wedi gadael – heb anghofio gadael rhif ffôn ei frawd – teimlai Roger yn hapus. Roedd pethau ar i fyny. Gwnâi, fe wnâi achub y blaen ar Mathews. Fe wnâi roi caniad i Edwin. Roedd ar hwnnw fwy nag un ffafr i'w thalu'n ôl iddo o ddyddiau coleg yn Aber. Ac fe wnâi'n siŵr o'i atgoffa o hynny.

Syllodd Roger i waelod ei wydr gwag a gwenodd yn llydan am y tro cyntaf y noson honno. Ac er mawr ddiflastod i Frank, archebodd beint arall.

8

Gan nad oedd dim byd at ei ddant ar y bocs, nac ar y radio chwaith, aeth Alwyn ati i chwilota drwy ei gasgliad recordiau. Y rhain oedd cerrig milltir ei fywyd a cherrig beddau blynyddoedd ei ieuenctid. Hank Williams. Elvis. Clasuron Bob Dylan. Casgliadau o Joan Baez. Recordiau trist-felys y Chwiorydd McGarrigle. Kris Kristofferson. Neil Sedaka. Ie, un o ganeuon hwnnw yn arbennig. Roedd 'Oh, Carol' wedi dod i olygu llawer iddo, a hynny am resymau amlwg. Ond roedd pob record, pob cân, yn golygu rhywbeth iddo – digwyddiad arbennig, profiad arbennig, pobol arbennig, lle arbennig,

Trodd at fwndel o recordiau Cymraeg. Gosododd rai Meic Stevens ac Edward H o'r neilltu, rhag ofn. Roedd rhai o'r rheiny yn rhy bersonol. Tynnodd allan ar hap un o recordiau Hergest a'i gosod ar y chwaraewr. Ac er i Bethan ei rybuddio rhag hel meddyliau, gorweddodd ar y gwely a chofiodd am Joe.

Ie, Joe Jenkins, bohemiad, bardd a thancwr. A ffrind da yn yr hen ddyddiau. Joe, a fu'n gydymaith iddo ugain mlynedd yn gynharach yn Eisteddfod Caernarfon. Wythnos wyllt o feddwi. Wythnos o wylltio pobol y Sefydliad. Wythnos o ddrachtio diwylliant a chwrw fesul galwyni. Mwy o gwrw nac o ddiwylliant. A dim ond y gyntaf o nifer o'u Steddfodau gwyllt oedd honno.

Cofiodd am y cyfeillgarwch fu rhyngddynt am flynyddoedd. Joe a dorrai ei wallt i'r gwreiddiau cyn pob Steddfod. Joe a'i farf hir, aflêr. Joe a'i hen gôt slic, ddu. Joe rhyfygus, cellweirus – a bygythiol ar brydiau. Rhyfedd fel y bu i ddau mor wahanol ddod yn gymaint ffrindiau. Gwrthgyferbyniad yn denu, mae'n debyg. Do, fe fu'r ddau yn anwahanadwy.

Doedd yr un eisteddfod fawr, yr un ŵyl bop yn mynd heibio heb iddynt fod yno yn rhywle yn creu drygioni. Cofiai'n dda am Eisteddfod y Drenewydd ac ef a Joe yn cael eu gwahardd o bob tafarn ddim yn unig yn nhre'r eisteddfod ond yn Llanidloes yn ogystal. Yno y cafodd Joe ei gloi dros nos yn y loc-yp wrth i ryw Sarjant ei gamgymryd am labrwr o Wyddel meddw a weithiai ar argae Clywedog. Joe yn canu emyn yn y gell, 'Pan oeddwn i mewn carchar tywyll du'. A'r Sarjant edifeiriol yn ei ryddhau am bedwar o'r gloch y bore wrth iddo sylweddoli ei gamgymeriad.

"Blydi hel, yr hen Stalwyn, diolch i Dduw fod y Sarjant yn Fethodist ac yn eisteddfodwr brwd neu fe fyddwn i mewn tan Steddfod Aberafan y flwyddyn nesa. A, falle, Steddfod y Bala y flwyddyn wedyn."

Chwarddodd Alwyn wrtho'i hun. Do, fe fuon nhw'n ddyddiau da. Ond yn ddiweddarach, o fynd i'r coleg ac yna cael gwaith gyda'r cyfryngau, pellhaodd oddi wrth Joe. Digon naturiol, mae'n debyg, petai ond oherwydd y broblem ddaearyddol yn unig, ef yn byw yng Nghaerdydd tra fo Joe yn dal i fyw yn ôl ym mherfeddion Ceredigion.

Ond na, petai e'n gwbl onest nid y pellter daearyddol oedd yr unig beth i ddod rhyngddynt. Roedd pellter a oedd yn fwy na milltiroedd wedi eu gwahanu. Roedd bwlch ar ffurf wahanol wedi bodoli rhyngddynt ers tro, bwlch a oedd wedi ymledu o flwyddyn i flwyddyn.

Ond pam, mewn gwirionedd? Anodd fyddai penderfynu ar un rheswm ar ei ben ei hun am y pellhau. Ond roedd rhywbeth wedi ei achosi. Eto'i gyd, roedd hyn yn digwydd i bawb. Doedd bod yn ffrindiau bore oes ddim yn golygu bod yn ffrindiau am oes.

Yn ei achos ef, rhaid fu symud ymlaen. Cael gwaith ymddangosiadol barchus. Priodi wedyn. A doedd Joe ddim y math o ymwelydd y buasai Carol wedi'i groesawu â breichiau agored. Snob fu Carol erioed. Ond beth amdano ef ei hun? Cofiodd yn sydyn na wnaethai hyd yn oed wahodd Joe i'r briodas. Na, nid ar Carol oedd y bai ond arno ef.

Beth oedd hanes yr hen Joe erbyn hyn, tybed? Oedd, roedd wedi'i weld yn achlysurol ar hyd y blynyddoedd. Mewn Eisteddfodau Cenedlaethol gan fwyaf. Dim byd mwy na rhyw gyfarchiad cyflym, euog. Rhywbeth i dawelu'r gydwybod tan y tro nesaf. Roedd ef a Joe bellach yn bodoli mewn gwahanol fydoedd. Yn troi mewn gwahanol gylchoedd.

Ond hyd y medrai weld doedd ei hen gyfaill ddim wedi newid fawr ddim. Ychydig flew llwydion yn ei farf, hwyrach. A mwy o fol cwrw. Ond ymddangosai mor aflêr ag erioed. Roedd y farf yr un mor hir ac afrosgo, ei wallt yr un mor fyr a gwisgai'r un hen gôt ddu. Neu o leiaf un debyg. Ac yn ôl yr hanesion a gâi gan ambell ffrind o ochrau Tregaron roedd Joe yn gymaint o rebel ag erioed, yr un mor herfeiddiol ac amharchus. Ond dim ond o hirbell, dim ond wrth fynd heibio y cyfarchai'r ddau ei gilydd bellach.

Tra bu'n hel meddyliau a darllen y nodiadau ar gefnau cloriau recordiau, rhyw bapur wal clywedol oedd y gerddoriaeth a'r geiriau ar y record iddo wrth i Gwm Cynon droi'n Ganig a Chanig yn Ddinas Dinlle. Ond yn sydyn dyma gân yn ei hitio yn ei dalcen ac yn ei sobreiddio'n llwyr.

'Helô, sut wyt ti erbyn hyn,
A dywed im a wellodd clwy' dy galon?
Mae'n wir, mae'r amser wedi mynd,
Daeth gwyntoedd cryf i chwalu'r holl obeithion.
A gwelaf adeiladau lle bu coed,

A'r dail yn troi'n gymylau dan fy nhroed...'

Cododd a safodd yn ei unfan. Daeth y darlun o Joe yn ôl i'w feddwl mor glir â phetai yno gydag ef yn y stafell.

'... Ugain mlynedd yn ôl,
Siaradwyd yn fyrbwyll a ffôl,
Ugain mlynedd yn ôl,
Ond heno fe gymerwn gam ymlaen.
Yn ôl i ddyddiau lle bu cân
A gwres y dydd yn ddigon i'n diwallu,
Heb ofn, heb amau seiliau'r byd
Ond heb wynebu nerth tu hwnt i'n gallu.
A chredais wrth it gerdded tua'r ffin
Y peidiai'r eiliad honno yn y gwin...'

Ie, ugain mlynedd yn ôl pan oedd ef a Joe yn ifanc ac yn ffrindiau, pan oedd bywyd yn hwyl a phan nad oedd un cwmwl ar y gorwel. Delfrydu? Na. Dyddiau dihafal fu'r rheiny. Cyn dyddiau coleg. Cyn iddo fynd i'r cyfryngau. Cyn iddo gyfarfod â Carol â'i phriodi. Cyn dyfod dyletswyddau.

Peth hawdd oedd rhamantu am ddyddiau ieuenctid, mae'n wir. A doedd dim byd fel gwin coch a chân serch i atgyfodi hen feddyliau a theimladau ac i chwythu anadl i hen sgerbydau a ddylent fod wedi eu claddu ers tro. Ond heb unrhyw amheuaeth, dyna fu cyfnod hapusaf ei fywyd.

'... Mi wn fod 'na rwystrau ar y ffordd,
Syrthiais innau ar fy hyd
A daeth ysbryd oeraidd tynged dros y tir
A theimlais innau fflangell oer ei llid...'

Ie, wedyn ddaeth yr oerni, yr ansicrwydd a'r unig-rwydd. Doedd dim byd yn ddu a gwyn bellach.

'... A nawr, a'th fywyd di ar chwâl
A minnau'n dal i eistedd yma'n dawel,

Cawn weld a deimlir ôl y fflam
Neu dim ond olion gwreichion ar yr awel.
Rhown heibio'r rhagfuriau fu mor hir
Yn rhwystr inni weld ein ffordd yn glir...'

Cân bachgen i ferch oedd hi, mae'n debyg. Ond gallasai'n hawdd fod wedi ei hysgrifennu amdano ef a Joe. Yn sydyn torrodd ton o hiraeth drosto. Gorweddodd yn ôl ar ei wely a chriodd wrth wrando ar y geiriau.

Dagrau hiraeth? Dagrau euogrwydd? Ni allai ddweud. Ond petai'r gân yn sôn am ddeng mlynedd yn ôl gallasai'n hawdd fod yn gân amdano ef a Carol hefyd.

O, Carol...

Rhan 2

Gwaedd uwch Adwaedd

I

ROEDD HI'N BUM MUNUD i un ar ddeg ac roedd Bethan
mor brysur ac ar gymaint o frys i gwblhau teipio'r memos
terfynol fel na chlywodd ddrws y swyddfa gyffredinol yn
agor. A chan ei bod hi â'i chefn at y drws ni welodd y dyn
a ddynesai'n llechwraidd tuag ati. Yr arwydd cyntaf o'i
bresenoldeb oedd pan ososodd ei ddwylo dros ei llygaid.
Yn flin a diamynedd, tynnodd ei bysedd o'r bysellfwrdd a
tharo cledrau ei dwylo ar wyneb y ddesg.

"Roger," bytheiriodd, "pryd wnewch chi dyfu i fyny?"
Gollyngodd Roger ei ddwylo. Teimlai'n siomedig, a braidd
yn bwdlyd.

"Sut gwyddet ti mai fi oedd 'na?"

"Am mai dim ond y chi fyddai'n ddigon plentynnaidd
i wneud rhywbeth mor wirion. Dyna pam. Beth bynnag,
does dim angen i mi fod yn dditectif. Mae'r arogl *Brut* ar
eich dwylo chi'n ddigon."

Yn swta, ciliodd Roger ac aeth i eistedd wrth ddesg
ym mhen draw'r swyddfa.

"Sori. Dim ond jôc."

Ailgychwynnodd Bethan ar ei theipio gan daro'r
bysellfwrdd yn galed ac yn fuan wrth geisio trosglwyddo'i
rhwystredigaeth i'r teipiadur, yn union fel petai hi'n dial
ar y peiriant am ei diffyg amynedd ei hun.

"Yn anffodus, Roger, mae hi'n hen jôc. Fel y rhan fwyaf

o'ch jôcs pathetig chi."

"Ro'wn i'n meddwl dy fod ti'n hoff o hen bethau... Wel, cyn belled ag y mae dynion yn y cwestiwn."

Distawodd sŵn y teipiadur a throdd Roger i'w gweld hi'n sefyll wrth ei desg a'i gwefusau'n dynn. Ond cyn iddi fedru troi ei thymer ddrwg yn eiriau, rhuthrodd i ymddiheuro am yr eilwaith.

"Ocê, paid â cholli dy limpin. Mae'n ddrwg gen i. Ddylwn i ddim wedi dweud hynna. Dim ond jôc arall. Jôc wael arall."

Yn sydyn, wrth weld yr olwg edifeiriol ar ei wyneb, meiriolodd Bethan a chwarddodd.

"Mae'n iawn. Ro'n i'n gofyn am hynna. Fi sy'n rhy bigog. Ond mi fydd Dewi yma toc a finna heb orffen y memos. Mi ddylwn i fod wedi'u teipio nhw neithiwr."

Teipiodd y llinell olaf a thynnu'r papur o'r peiriant. Cododd ac aeth at y dyblygydd i wneud copïau.
Gan geisio ymddangos yn ddidaro, ailgydiodd Roger yn y sgwrs.

"Fuest ti allan neithiwr, felly?"

"Naddo. Fe arhosais i adra."

"Beth? Aros adre ar nos Iau? Mae honno'n arfer bod yn noson fawr i chi'r merched. I chi, mae'r penwythnos yn dechrau ar nos Iau."

"Ydi, fel arfer, ond gyda'r holl bacio a pharatoi ar gyfer heddiw, wel, fe aeth hi'n rhy hwyr."

Cododd Roger ac ymunodd â hi wrth y dyblygydd tra oedd hi'n taflu golwg dros y copïau.

"'Tawn i'n gwybod dy fod ti ar dy ben dy hunan fe fyddwn i wedi galw draw i gadw cwmni i ti."

Taflodd ei hymateb dros ei hysgwydd yn gwbwl ddidaro wrth iddi fynd yn ôl at ei desg.

"Rywbryd eto, falla."

Er mor ddidaro oedd ei sylw, teimlodd Roger iddo weld rhyw fflach o obaith.

"Syniad da. Rhyw feddwl o'wn i hefyd, gan y byddwn ni gyda'n gilydd yng Nghaernarfon am dros wythnos y medrwn ni, falle..."

Torrodd ymddangosiad Dewi ar ei draws. Daeth i mewn ar ruthr, yn gymysg o frwdfrydedd a diffyg amynedd. Roedd hi'n un ar ddeg o'r gloch, i'r union eiliad.

"Wel, *chop-chop*, bant â'r cart. Pawb a phopeth yn barod?"

Estynnodd Bethan y memos iddo, ac ar ôl taflu cipolwg brysiog drostynt gosododd Dewi'r cyfan mewn ffeil cyn trosglwyddo'r ffeil i'w fag.

"Diolch, taclus iawn fel arfer. Fe awn ni, felly. Rwy'n cymryd bod eich bagiau chi wedi'u pacio? Popeth yn *tickety-boo*?"

Heb aros am ateb a chydag osgo rhwysgfawr, gadawodd i'r ddau fynd allan o'i flaen.

"Gadewch i ni gael y sioe ar y ffordd. Neu, fel y dywedodd Cynan ei hun wrtha i unwaith, wedi i rai pobl feirniadu'r syniad o Eisteddfod symudol, 'Gadewch i'r cŵn gyfarth. Ymlaen yr â'r garafán.'"

2

Ymddangosai stafell wely Alwyn Mathews yn flerach hyd yn oed na'r bore cynt. Ar ben y cawdel a oedd wedi goroesi pedair awr ar hugain roedd dillad yn gorwedd, yn hongian, yn swatio ac yn herio rheol disgyrchiant. Ymddangosent fel petaen nhw'n sefyll ar ddim. Roedd dillad ar gadeiriau, tan gadeiriau, ar y gwely, o dan y gwely heb sôn am orchuddio pob modfedd o'r llawr.

Gallasai Alwyn dystio fod gan rai o'i ddillad eu bywydau eu hunain. Roedd ambell siwmper, ambell drowser yn gwrthod yn lân â mynd i grombil bag, a hynny am fod y dillad eraill oedd ynddo eisoes fel petaent yn gwthio'r newydd-ddyfodiaid allan, yn union fel cwcw mewn nyth deryn du.

Eisteddodd Alwyn ar siwmper a oedd, yn ei thro, yn gorwedd ar gadair. Ar y radio roedd Meic Stevens yn canu am wely a oedd yn wag er ei fod yn llawn tristwch. Bron iawn fel y blydi bagiau – bagiau a ddylai fod o leia'n hanner-gwag ond a oedd eto'n llawn dillad.

'... Mae'r dyddiau'n wallgo, mae'n amser gwael,
heb dy gariad, mae'n fywyd sâl;
gwely gwag, sy'n llawn o dristwch –
dyna beth sy'n poeni fi...'

Gafaelodd mewn bwndel o grysau a'u gwthio i fag lledr a oedd eisoes yn orlawn. Gwasgodd un pen-glin ar ben y bag a thynnu'r sip ar draws. Dyna un bag wedi'i goncro.

'...Yn y bore ar ôl unig nos,
meddwl am fy nghariad a'i chorff bach tlws;
gwely gwag, sy'n llawn o dristwch –
dyna beth sy'n poeni fi...'

Trodd at gês mawr hirsgwar y tro hwn. Camodd i mewn iddo gan sathru'r dillad oedd eisoes ynddo. Cofiodd amdano'i hun pan oedd yn blentyn yn helpu i dwtio llwyth o wair ar gambo'i ewythr. Dau o'i gefndryd yn taflu'r mydylau i fyny â phigau ac yntau'n ceisio gwastatáu a thwtio'r llwyth ar yr un pryd. A'r cefnderoedd, Jim a Moc, yn cael hwyl wrth ddyblu eu hymdrechion gan ei orfodi i ddawnsio, bron, wrth wasgu'r cocynnau gwair i'w lle.

Profiad fel bod ar drampolîn.

Câi deimlad tebyg wrth sathru ar ei ddillad. Bob tro y codai un droed estynnai am ddilledyn arall, ei osod yn y cês a'i sangu. O'r diwedd llwyddodd i gywasgu'r cyfan o fewn i gyfyngiadau'r cês. Yna camodd allan, ei droed dde yn gyntaf, a chan gydio yng nghlawr y cês ar yr un pryd cododd ei droed chwith. Yna, mor chwim ag y gallai, caeodd y clawr. Llwyddiant. Dim ond hanner coes un trowser oedd yn hongian allan fel trwnc eliffant. Cryn gamp.

> '... Dewch 'nôl, cariad, dewch 'nôl,
> anghofiwch am y pethau ffôl;
> gwely gwag, sy'n llawn o dristwch –
> dyna beth sy'n poeni fi.'

Eisteddodd ar erchwyn ei wely gwag i edmygu'i lwyddiant gyda'i fagiau llawn. Ar y radio roedd rhyw gyflwynydd neu'i gilydd wrthi'n rwdlan.

"Meic Stevens yn canu am wely gwag, yn llawn tristwch. Ac fe ddylai gwely pob un ohonoch chi sy'n fyw ac yn iach fod yn wag erbyn hyn, yn enwedig os 'ych chi'n bwriadu'i heglu hi am Gaernarfon erbyn agoriad y Brifwyl bore fory. Ydi, mae'r Eisteddfod yn agor ei drysau ar ddydd Sadwrn eleni, a hynny am y tro cyntaf. Ac os byddwch chi yno nos Fercher, yna trowch i mewn i'r Twrw Tanllyd. Chewch chi ddim cwrw yn y Twrw, ond fe fydd y Gwrw ei hun yno... Geraint Jarman, sy'n 'Methu Dal y Pwysau'..."

Ble gythrel roedd cyflwynwyr yn cael y fath jargon? Pwy ddiawl oedd yn llunio'u sgriptiau? Wrth i nodau cynta'r gân lifo o'r radio, diffoddodd Alwyn y set.

"Fe fedra i gydymdeimlo â ti, gwd boi."

Siaradodd yn uchel â fe'i hunan, rhywbeth a wnâi

fwyfwy y dyddiau hyn.

"Rwy'n gwybod yn iawn be ti'n mynd drwyddo. Ond tybed a fuodd raid i ti rywbryd bacio cynnwys pedwar drôr a wardrob i mewn i ddau fag? Dyna i ti beth yw pwysau, 'ngwas i."

Cododd y ddau fag a'u gosod y tu allan i'r drws ar ben y grisiau. Camodd yn ôl i'r stafell i edrych am ei ddillad budron er mwyn eu gosod mewn bag plastig ar gyfer y londrét. Dim sôn amdanynt. Roedd hynny, wrth gwrs, yn golygu un peth yn unig. Oedd, roedd e wedi pacio dillad budron ddoe gyda'r dillad glân yn ei fagiau. Rhy hwyr i ailagor y bagiau a mynd trwy'r broses o ddidoli.

Yna sylwodd ar bâr o drôns coch yn gorwedd yn llipa wrth draed y gwely. Fe'i cododd at ei drwyn a'i wynto. Un glân. Meddyliodd am ei roi yn ei boced. Ond na. Ciciodd y trôns o dan y gwely i ymuno, siŵr o fod, â rhai o'i gymheiriaid, yn lân ac yn fudr. Yna cymerodd un cipolwg o gwmpas y stafell, cyn camu allan a chau a chloi'r drws o'i ôl.

Er ei fod yn gwegian o dan bwysau'r bagiau ni allai lai na gwenu wrth gofio Joe yn adrodd wrtho'r stori honno am Dewi Emrys yn rhuthro o'r Bwthyn yn Nhalgarreg i ddal y bws i Eisteddfod Genedlaethol Aberpennar. Roedd y creadur mewn cymaint o frys fel iddo adael y tegell ar y tân i ferwi'n sych, y radio i daranu drwy'r tŷ a drws y ffrynt yn llydan agored.

Stopiodd Alwyn ar hanner cam. Damio. Oedd e wedi anghofio rhywbeth? Doedd y tegell ddim yn dal i ferwi. Roedd hwnnw'n diffodd yn otomatig. Ond a adawodd e'r radio i rwdlan? A adawodd e'r drws heb ei gloi? Rhegodd yn uchel a throi'n ôl tua'i fflat. Jyst rhag ofn.

3

Ar ôl dianc o dagfa Gabalfa, hwyliodd Rover gwyn Dewi heibio i'r Castell Coch ac ymlaen at gyrion Pontypridd. Hoffai Dewi gyfeirio at ei gar fel 'y Bwystfil', rhyw jôc fach hunanfychanol. Ac roedd rhywbeth yn fwystfilaidd ynglŷn â'r car. Roedd grwnian ei injan bwerus fel canu grwndi llewpard wrth iddo lamu'n ddilyffethair ar hyd y ffordd osgoi.

Yn y cefn roedd Bethan yn rhoi trefn ar ei ffeiliau ac wrth ochr Dewi yn y tu blaen ceisiai Roger gyfleu'r argraff ei fod yn mwynhau'r gerddoriaeth a lifai o'r peiriant casét a oedd yn rhan o set radio'r car. Drymiai Dewi ei fysedd yn ysgafn ar yr olwyn lywio wrth wrando ar y miwsig.

Tynnodd anadl ddofn, werthfawrogol.

"A! Fedrwch chi ddim curo Verdi, yn na fedrwch?"

Gan na chafodd ateb, edrychodd mewn penbleth ar Roger. Ond roedd hwnnw'n hel meddyliau. Y blydi Edwin Ashton ddiawl yna. Ar ôl mynd i'r drafferth i'w ffonio, roedd hwnnw wedi gwadu bod unrhyw sylfaen i'r stori am y Goron. Ac i roi halen ar y briw roedd e wedi ychwanegu mai at Alwyn y byddai'n mynd petai stori'n torri. Roedd y ddau yn hen gyfeillion, wrth gwrs. Tebyg at ei debyg.

"Ydych chi ddim yn cytuno, Edwards?"

Dihunodd Roger yn sydyn o'i synfyfyrio.

"O, ydw, Dewi, yn bendant. Cyfansoddwr mawr iawn."

Crychodd wyneb Dewi mewn gwên fach o foddhad.

"Wel, wel. Chi'n fy synnu i. Wyddwn i ddim eich bod chi'n caru'r clasuron. Mae'n rhaid eich bod chi, felly, yn gyfarwydd â'i waith mwyaf?"

Sylweddolodd Roger iddo gael ei ddal. Ceisiodd ei orau i ddod allan heb golli wyneb. I wneud pethau'n waeth, pwniodd Bethan ef yn slei yn ei ysgwydd.

"Wel, ydw, rwy'n gyfarwydd â'i waith e. Ond fedra i ddim cofio enw'r gwaith 'chi'n 'feddwl, 'chwaith.

"Y *Requiem*, Edwards bach, y *Requiem*. Dyna'i gread-igaeth fwyaf."

"Ie, wrth gwrs. Fedrwn i ddim cofio'r teitl. Rwy wedi clywed y *Requiem* droeon, wrth gwrs, ond dw i ddim yn arbenigwr fel chi ar gerddoriaeth glasurol."

Gwenodd Dewi.

"Wel, ydw, rwy *yn* dipyn o arbenigwr yn y maes, er mai fi sy'n dweud hynny. Rwy'n amheus o unrhyw un sy ddim yn cael ei gyffroi gan gerddoriaeth. Fel y dywedodd y Bardd Anfarwol ei hun:

'The man that hath no music in himself
Nor is not moved with concord of sweet sounds,
Is fit for treasons, stratagems, and spoils;
The motions of his spirit are dull as night
And his affections dark as Erebus:
Let no such man be trusted.'

Shakespeare, *The Merchant of Venice*. Yr olygfa gyntaf yn y bumed act, gyda llaw."

Trodd at Roger i weld pa effaith a gafodd ei berorasiwn. Ceisiodd hwnnw guddio'i wên. Heb orfod troi, gallai deimlo bod Bethan yn y cefn yn chwerthin yn dawel gan guddio'i hwyneb yn ei ffeil. Gorfododd ei hun i fod yn ddifrifol.

"Cystal i fi gyfaddef, rhywbeth yn y cefndir yw cerddoriaeth glasurol i fi. Rhywbeth i leddfu'r meddwl pan fydda i am ymlacio. Rhyw *test card* cerddorol, os mynnwch chi."

Twt-twtiodd Dewi.

"Camgymeriad mawr, Edwards. Nid dyna'r ffordd o gwbwl i werthfawrogi cerddoriaeth fawreddog. Yn arbennig gwaith Verdi. *Stabat Mater* yw hwn, wrth gwrs."

"Wrth gwrs," atebodd Roger, gyda mwy o frwdfrydedd nag a deimlai. Pesychodd Bethan yn awgrymog yn y cefn, gan wneud iddo deimlo'n fwy anghyffyrddus fyth. Ond yn gwbwl ddall i anesmwythder Roger aeth Dewi yn ei flaen ar frig ton o frwdfrydedd.

"Ond dydi *Stabat Mater* yn ddim i'w gymharu â'r *Requiem*. Wyddoch chi iddo fe gyfansoddi'r gwaith yn 1873, a hynny er cof am Manzoni?"

Na wyddai, er na chyfaddefodd hynny. Cyn belled ag y gwyddai ef gallasai Manzoni – a Verdi, o ran hynny – fod yn gwneud hufen iâ yn Nhreorci neu'n chwarae pêl-droed dros Juventus. Ond doedd dim angen iddo ofidio. Doedd dim pall ar Dewi.

"Do wir. Ond y rheswm pam mae'r gwaith mor agos at fy nghalon i yw mai darlledu'r *Requiem* oedd y dasg gynta a gefais i erioed fel rhyw gyw o brentis. A hynny yn yr Eisteddfod Genedlaethol ugain mlynedd union yn ôl."

Teimlodd Roger mai gwell fyddai iddo roi'r argraff fod ganddo ddiddordeb yn y ffaith.

"Ie wir? Faint o amser gymerodd hi i recordio'r fath gyngerdd?"

Bu bron iawn i Dewi yrru i'r clawdd mewn sioc. Unionodd gwrs y cerbyd ac ysgydwodd ei ben mewn anobaith.

"Recordio wir. Darlledu byw, Edwards, a hynny o lwyfan y Pafiliwn Mawr yn Eisteddfod Caernarfon."

Ceisiodd Roger adfer ei hun yng ngolwg Dewi.

"Dipyn o dasg."

"Tasg anferthol. Ond fe aeth pethau'n wyrthiol. Fel wats. Gymaint felly fel i Arwel Hughes ei hun – fe oedd yn arwain, wrth gwrs…"

"Wrth gwrs."

"Fe wnaeth Arwel Hughes ei hun ysgwyd llaw â ni i gyd, fel criw, ar y diwedd. Do, fe ddiolchodd i ni a'n llongyfarch. Anghofia i byth mo hynny."

Wrth i Dewi arafu ac edrych i'r dde ar drofa, manteisiodd Roger ar y cyfle i droi at Bethan. Â'i law dde gwnaeth osgo weindio hen gramoffon y tu ôl i Dewi. Tynnodd ei law yn ôl wrth i'r car ailgyflymu a chymerodd arno fod yn ddifrifol. Gallai deimlo bod Bethan yn y cefn yn ceisio ymatal rhag chwerthin.

"Ac mae Verdi wedi bod yn agos at eich calon chi byth er hynny?"

"Ydi, Edwards. Athrylith o gyfansoddwr. Ddim yn sant, o bell ffordd. Dipyn o foi gyda'r rhyw deg, mae'n debyg."

"O, roedd gan hyd yn oed Verdi ei wendidau, felly?"

"Oedd, yn ei fywyd personol. Roedd e'n briod ond roedd e hefyd yn cadw menyw ffansi."

Gallai Roger feddwl am un arall yn llawer nes adre a oedd yn dioddef o'r un gwendid. Ond llwyddodd i frathu ei dafod. Yn hytrach cymerodd arno fod yn foesol gul ar y mater gan wybod na fyddai Dewi yn sylweddoli mai gwawdio roedd e.

"Jiw, dyna i chi lygredd!" Methodd beidio ag anelu brathiad bach slei yng nghynffon ei smalio.

"Beth wyt ti'n 'feddwl, Bethan? Dyn drwg, ddwedwn i. Cario 'mla'n gyda menyw arall ac yntau'n briod."

Yn y drych gwelodd Bethan yn codi dwrn bygythiol ond yn gwenu ar yr un pryd. Ceisiodd hithau newid cyfeiriad y stori.

"Mae gen i ofn nad oes gen i fawr o glem am gerddoriaeth glasurol. *Bohemian Rhapsody* gan Queen ydi'r agosa i mi ddod erioed at y clasurol, mae'n ddrwg gen i."

Ysgydwodd Dewi ei ben mewn anobaith.

"Rwy'n gweld fod gwaith addysgu arnoch chi'n gerddorol, Bethan. Ond dyna fe, rydych chi'n ifanc. Fe ddewch chi i werthfawrogi pethau gorau bywyd wrth i chi heneiddio."

"Rwy'n teimlo'n hen ar hyn o bryd," chwarddodd Bethan. "Meddyliwch, hon fydd y steddfod gynta i mi beidio â chysgu mewn pabell. Rwy'n mynd yn barchus yn fy hen ddyddiau."

"Hon fydd y steddfod gyntaf hefyd i chi fod yn gweithio ynddi," ychwanegodd Dewi. "Mae ganddoch chi wythnos galed o'ch blaen. Fe fyddwch chi angen pob eiliad o gwsg, credwch chi fi. Ac fe wnewch chi werthfawrogi cael cysgu mewn gwely cysurus."

Gorweddodd Bethan yn ôl ar y sedd, a'i phen yn gorffwyso ar un o'i bagiau.

"A dweud y gwir, mi fyddai'n dda gen i gael mynd i'r gwely'r munud hwn."

"A finnau," ameniodd Roger.

Sylwodd Bethan ar y neges ddeublyg yn ei oslef. Cododd ei phen a'i weld yn wincio'n chwareus arni yn y drych. Rhoddodd hithau bwniad bach diniwed iddo yn ei ais. Ond roedd Dewi, wrth yrru uwchlaw Aberfan, ar goll ym mharadwys gyda'i arwr, Verdi.

4

Roedd Alwyn wedi llywio trwyn y car am Eisteddfa Gurig cyn iddo sylweddoli y dylai fod wedi cadw i'r dde yn Llangurig er mwyn teithio trwy Gaersws a Charno am Ddolgellau. Ond yn hytrach na throi'n ôl penderfynodd fynd yn ei flaen i Aberystwyth a thrwy Fachynlleth.

Y blydi atgofion 'na oedd ar fai eto. Yn ysbeidiol yn ystod y siwrnai daethai fflachiadau i'w gof fel darnau o hen ffilm. Ac yn ganolog i bob darn roedd e a Joe. O Aber roedd y ddau wedi cychwyn ei bodio hi am Gaernarfon yn 1959.

Gwasgodd fotwm y radio gan obeithio y byddai gwrando yn creu dihangfa ac yn llonyddu ei gof. Y prif newyddion ar y gwasanaeth Saesneg o hyd oedd y digwyddiad yn ardal Rhydaman pan gafodd menyw ei dal yn wystl gan ddyn arfog cyn i hwnnw ei saethu ei hun. Yna gwenodd wrth glywed fod streic technegwyr HTV dros godiad cyflog o 30 y cant wedi dechrau.

Gwasgodd fotwm arall. Roedd Jîp wrthi'n canu 'Ffôr Whîl Dreif'. Yna'r cyflwynydd yn dymuno siwrnai esmwyth i bob teithiwr eisteddfodol.

"Gobeithio na fydd angen cymaint o bŵer â hynny arnoch chi sy'n gyrru tua Chaernarfon. A chofiwch y bydd Jîp yn eich difyrru chi yn y Twrw Tanllyd nos Iau…"

Twrw Tanllyd, myn diawl i, meddyliodd. Dim diolch. Haid o bobol ifanc jyst allan o'u clytiau yn meddwi ar arogl corcyn potel bop. Yna cofiodd am Joe ac yntau yn yfed yn y Black Boy. Ac yno, yn cymdeithasu yn y cornel, Robin Day a Keidrych Rhys yng nghwmni Siân Phillips a Peter O'Toole.

Ceisiodd hoelio'i sylw ar y geiriau o'r radio.

"... ac yn awr yr ateb i'r gystadleuaeth. Ydych chi'n cofio'r cwestiwn? Pwy oedd Prifeirdd y Goron a'r Gadair yng Nghaernarfon ugain mlynedd yn ôl? Mae nifer o alwadau wedi'n cyrraedd ni eisoes ac fe glywch chi pwy oedd y cynta i ffonio gyda'r ateb cywir yn syth ar ôl y record nesaf."

Hawdd, meddyliodd Alwyn. Tom Hughes a T Llew Jones. Roedd e a Joe wedi bod yn y ddwy seremoni. Gallai hyd yn oed gofio ffugenw T Llew Jones – Heilyn fab Gwyn. Beth am hynna, Mr Cyflwynydd smyg?

"Ond cyn i fi gyhoeddi enw'r enillydd – a'r ateb i'r cwestiwn – dyma Hergest a 'Ffrindiau Bore Oes'."

Gwasgodd Alwyn fotwm, unrhyw fotwm, er mwyn ceisio dihangfa o'i atgofion. Disgynnodd ar ryw orsaf Saesneg lle'r oedd Ricky Nelson yn canu am rywun dihafal.

'... *There'll never be anyone else but you for me,*
Never ever be,
Just couldn't be
Anyone else but you...'

Na, doedd dim dihangfa. Diffoddodd y set a gyrru ymlaen am Aber, man cychwyn y daith fodio ugain mlynedd yn gynharach. Bore dydd Sul oedd hi, fe gofiai hynny'n dda. Cawsai ei gario i Aber yn fan y dyn gwerthu papurau. Wrth y stesion o dan y cloc roedd Joe yn ei ddisgwyl. Joe, a'i wallt wedi'i gropio i'r gwreiddiau. Joe, yn ei hen gôt slic, ddu. Joe yn ei hwyliau gorau.

Fe fyddai cwmni Joe yn codi hwyliau pawb arall. Mor lliwgar y bu bywyd Joe o'i gymharu â'i fywyd di-liw a diramant e. O'r dechrau roedd yna rywbeth yn wahanol ynddo.

Plentyn y Rhyfel oedd Joe. Gweithio mewn gwersyll milwyr yn sir Benfro yr oedd ei fam pan syrthiodd mewn cariad â milwr Americanaidd o Nebraska. Wedi carwriaeth fer, penderfynu priodi. Ond y gatrawd yn cael ei danfon dros nos i Normandi. A'r milwr yn ymuno â'r celanedd ar draeth Omaha. Yn ei boced, pan ganfuwyd ei gorff, roedd llun o'i gariad.

"Doedd Mam ddim yn sylweddoli ar y pryd ei bod hi'n disgwyl, 'rhen Stalwyn. Ond meddylia, 'tai 'Nhad wedi cael byw, roedd ganddo fe a Mam gynlluniau i briodi. Ac fe fyddai hi wedi mynd 'nôl gydag e i America. Meddylia, rhen Stalwyn. Petai pethau wedi mynd y ffordd ddylen nhw, Yank fyddwn i. A bydden ni'n dau heb erioed gyfarfod."

Ni fedrai ddychmygu ei lencyndod cynnar heb gwmni Joe. A phenllanw'r antur fawr fu'r ymweliad hwnnw ag Eisteddfod Caernarfon. Yr antur a gychwynnodd o dan gloc y stesion.

5

"Arglwydd, ma' syched camel arna i. 'Tawn i'n gw'bod y byddwn i mor sychedig â hyn fe fyddwn i wedi yfed mwy n'ithwr."

Chwarddodd Joe fel petai'n gwerthfawrogi ei jôc ei hun. Gwenodd Alwyn wrth weld corff Joe yn ysgwyd. Roedd ei gyfaill eisoes wedi mynd i ysbryd y darn, chwedl yntau.

Bore dydd Sul, ac Aber mor ddifywyd â mynwent. Dim caffi ar agor yn unman, heb sôn am ddrws cefn unrhyw dafarn. Wrth i'r ddau gerdded ar hyd Stryd y Poplys cipiodd Joe botel o lefrith oddi ar garreg drws rhyw anffodusun.

"Pwy bynnag sy'n byw fan'na fe fydd yn rhaid iddyn nhw yfed te heb la'th heddi."

"Beth am y gath, druan?"

"Twll tin y gath. Mae'n angen i yn fwy nag angen unrhyw Bwsi Meri Mew."

Ysgydwodd Joe'r botel beint er mwyn cymysgu'r hufen a'r llaeth. Gwasgodd ei fawd drwy ganol y capan cardbord a orchuddiai geg y botel a drachtiodd yn ddwfn. O fewn eiliadau roedd y botel yn sych. Carthodd ei wddf a phoerodd fflemen wen ar y pafin.

"Cerdda'r bastard. Rwy wedi dy gario di ddigon," meddai Joe wrth y fflemen.

Yna edrychodd o'i gwmpas yn slei cyn gadael y botel wag yng nghysgod dwy botel lawn ar riniog y Coopers Arms. Torrodd wynt yn uchel ac yn groch.

"Golygfa drista'r byd, Joe."

"Be ti'n 'feddwl?"

"Tafarn a'i drws ynghau."

"Digon gwir, 'rhen Stalwyn. Ond chawn i ddim peint fan'na hyd yn oed petai hi ar agor."

"Pam? Y slaten braidd yn llawn?"

"Slaten? Mae 'da fi do cyfan o ddyled fan'na. Ond dere 'mla'n. Sdim pwrpas mewn pengocian fan hyn neu fe fydd y Steddfod drosodd cyn i ni gyrraedd."

Trodd y ddau allan i'r ffordd fawr ddifwstwr a digerbyd. "Gwell inni gerdded lan Rhiw Penglais cyn meddwl am ga'l lifft."

"'Ti'n iawn, 'rhen Stalwyn. Falle gwneith rhywun stopo i ni ar y top, rhywle ar Riw Siôn Sa'r."

Ond stopiodd neb ar Riw Siôn Saer. Stopiodd neb am bum milltir. A phan wnaeth rhywun stopio, gweinidog yr efengyl oedd hwnnw mewn fan A30 lwyd ar ei ffordd i'w *gyhoeddiad. Eisteddodd Joe wrth ei ymyl yn ddiolchgar tra gwthiodd Alwyn ei hun i'r cefn.*

Cymerodd y gweinidog gryn ddiddordeb yn y ffaith fod y ddau ar eu ffordd i'r Brifwyl. Byddai yntau'n cychwyn ben bore drannoeth. Dechreuodd holi'r ddau am eu cynlluniau eisteddfodol. Roedd Joe yn ei hwyliau gorau wrth sôn am waith beirdd fel Cynan a Charadog Prichard.

"Braf gweld pobol ifanc fel chi yn glynu wrth y gwerthoedd," meddai'r gweinidog rhadlon, a oedd wedi teithio o rywle yng nghyffiniau Aberteifi. "Mae cymaint o'n hieuenctid ni'r dyddiau hyn yn troi at y dafarn am gysur."

Cyn i Joe gael cyfle i ddadlau â'r Parchedig, neidiodd Alwyn i'r adwy. "Cytuno'n llwyr. Yn anffodus r'yn ni'n dau yn y lleiafrif y dyddiau hyn. R'yn ni'n llwyrymwrthodwyr."

Plesiwyd y gweinidog cymaint fel iddo yrru'r ddau yr holl ffordd i Fachynlleth cyn troi'n ôl at ei gyhoeddiad yn Nerwen Las.

Bu'n rhaid i Joe eistedd yng nghysgod y cloc am ysbaid er mwyn cael y chwerthin allan o'i fol.

"Diawl, 'rhen Stalwyn, 'ti bron iawn cystal celwyddgi â fi. Llwyrymwrthodwyr! Ni'n dau! Fe fyddwn ni wedi yfed Caernarfon yn sych erbyn wythnos i heddi."

"Wyddost ti be drawodd fi? Rhyw gwestiwn bach dwl. Be ddiawl oedd gweinidog yn ei wneud mewn fan A30?"

"Falle 'i fod e isie digon o le i gario'i bechode gydag e."

"Neu falle 'i fod e'n ffermio yn 'i amser sbâr. Falle 'i fod e'n cario defaid i'r mart yn y cefen."

"Wel, dwy ddafad golledig o'dd gydag e heddi. Neu, i fod yn fanwl gywir, un ddafad golledig ac un stalwyn cocwyllt."

Tynnodd Joe gopi o'r Observer o'i boced a dechrau darllen trwy'r dudalen flaen. Synnodd Alwyn. Doedd ganddo ddim cof o weld Joe yn prynu papur yn Aber nac yn unman ar hyd y ffordd.

"Ble ddiawl gest ti hwnna?"

"Roedd e wedi'i wthio o dan sêt y fan. Yr hen batriarch ddim am i neb wybod ei fod e'n prynu papur dydd Sul, siŵr o fod. Ond wrth iddo fe agor y drws cefen i ti, fe faches i'r papur. Rwy'n siŵr na fydd e ddim yn meindio."

Chwarddodd Alwyn. Ni allai gredu hyfdra Joe. Doedd dim gwybod be wnâi e nesaf.

"Edrych, 'rhen Stalwyn, ma' 'na ryw foi o'r enw Richard Nixon, pwy bynnag yw hwnnw…"

"Dirprwy Arlywydd America."

"Os wyt ti'n dweud. Wel, pwy bynnag yw e, mae e wedi gwahodd Khrushchev i fynd gydag e mewn rocet i'r lleuad. Petai'r rocet yn pasio dros Gaernarfon, falle y byddai modd i ni ga'l lifft."

Chwarddodd Alwyn unwaith eto a chododd Joe ei olygon at wyneb y cloc. Roedd hi'n hanner awr wedi deg ac yn hen bryd ailgychwyn.

"Wyddost ti hanes y cloc 'ma?"

"Wyddwn i ddim fod hanes iddo fe."

"Gad i fi dy oleuo di, Joe. Cloc Castlereagh yw hwn. Fe ga'dd 'i godi yn 1873 fel presant pen-blwydd yn un ar hugen oed i ryw foi yn y dre 'ma, mab y Plas."

"Arglwydd, diolch yn fawr i ti. Fe fydd yr wybodeth 'na yn werthfawr iawn i fi."

"Jyst meddwl y byddet ti eisiau gw'bod, dyna i gyd."

"Iesu, meddylia, ca'l cloc anferth fel hwn yn bresant pen blwydd. Fyse'n llawer gwell 'da fi ga'l watsh."

Chwarddodd y ddau wrth ailgychwyn. Yn hongian ar un ysgwydd roedd gan Alwyn fag gwyrdd a chortyn yn cau ei safn, bag a brynwyd iddo gan ei fam i gario cit rygbi i'r ysgol. Roedd Joe yn waglaw. Dadl Joe oedd fod y cit eisteddfodol bondigrybwyll yn ffitio i'w boced. Swm a sylwedd y cit oedd crib, sigaréts, matsys, dau bâr o drôns, dau bâr o sanau a brwsh dannedd. Byddai Alwyn yn tynnu ei goes am ei ddiffyg paratoadau byth a hefyd. Ac fe wnaeth hynny unwaith eto.

"Mynach ddylet ti fod. Dim ond pethau syml bywyd sy'n bwysig i ti."

"'Ti'n iawn, 'achan. A wyddost ti, 'rhen Stalwyn, mae'r boi 'na, Cliff Richard, yn 'i deall hi. Ma' 'da fe gân newydd yn dod mas y mis nesa – fe glywes i ryw ragflas ohoni ar Radio Luxemburg y noson o'r bla'n. A wyddost ti beth yw ei theitl hi?"

"Dim syniad. Fydda i byth yn gwrando ar y pwrs. 'Dyw e ddim ffit i anadlu'r un awyr ag Elvis."

"Ddim hynna yw'r pwynt, 'achan. Enw 'i gân newydd e yw 'Travellin' Light'. Diawl, fe allai honna fod wedi'i chyfansoddi i fi."

Troediodd y ddau ymlaen yn hyderus am Bont-ar-Ddyfi gyda Joe yn bloeddio canu.

"Travellin' light, travellin' light,
I just can't wait to get pissed in Caernarfon
tonight."

Chwarddodd Alwyn.

"Meddwi ar ddydd Sul? Ac yng Nghaernarfon, o bobman. Fe fyddi di'n lwcus, os gei di botel o Vimto, gwd boi."

Trodd Joe tuag ato gan godi un dwrn i'r awyr fel petai'n herio'r byd.

"Odw i erio'd wedi dy ad'el di lawr o'r bla'n? Wel, odw i?"

Bu'n rhaid i Alwyn gyfaddef nad oedd.

"A wna i ddim ffaelu'r tro hwn 'chwaith, gw' boi. Dere 'mla'n. Ymla'n mae'r fuddugoliaeth."

Croesodd y ddau'r bont dan ganu'n groch ac yn hyderus,
"Ni ddirwestwyr llon ein llef,
Ymladd wnawn ag arfau'r nef…"

6

Gwenodd Alwyn wrtho'i hun wrth basio'r cloc ar sgwâr
Machynlleth. Roedd dilyn yr union daith yn ei gwneud
hi'n hawdd iddo gofio. Yn rhy hawdd. Mor wahanol oedd
hi'r tro hwn. Y fe'n gyrru ac yn pasio bodwyr ar eu ffordd
i'r Eisteddfod. A'r rheini, fel y fe a Joe gynt, yn awr yn
codi dau fys arno wrth iddo eu hanwybyddu nhw.

Croesodd Bont-ar-Ddyfi. Teimlodd y Mercedes yn
ymateb i bwysau ysgafn ei droed ar y sbardun. Gwasgodd
gorn y car yn ddiamynedd a rhegodd wrtho'i hun wrth
iddo sgubo heibio i garafán. Un arall ar ei ffordd i'r
Steddfod. Melltithiodd bob aelod o Glwb Carafanio
Cymru wrth iddo geisio ailadfer ei gyflymdra.

Prin yr oedd angen iddo lywio erbyn hyn, er gwaethaf
troadau igam-ogam Pantperthog ac Esgairgeiliog. Nid
ffordd dar oedd y rhimyn du o'i flaen bellach ond rhuban
dolennog. Tâp fideo oedd y ffordd, a hwnnw'n dirwyn y
gorffennol yn ôl yn ddiwyro a didostur. I'w gof daeth
cwpled o un o ganeuon Bob Dylan.

Sundown, yellow moon, I recall the past,
I know every scene by heart, they all went by so fast.

Ond nid yn unig yr oedd tâp yn ailchwarae'r hen
ddyddiau yn ôl ar draws sgrîn ffenest flaen y car. Roedd
y ffordd o'i flaen hefyd yn rhaff a'i tynnai'n ôl yn ddi-
ildio, yn dirwyn yn ddi-dor gan ei lusgo'n ddiymadferth
dros ddau ddegawd. Ac er cymaint yr hoffai ei angori ei
hun a gwrthod mynd, gwyddai nad oedd unrhyw bwrpas
mewn ceisio brwydro. Fel nofiwr wedi'i ddal mewn
trobwll, penderfynodd ymollwng yn llwyr i'r rhuthr a
boddi yn y môr o atgofion a'i hamgylchynai.

Er bod y radio wedi'i hen ddiffodd, roedd ei ben yn fwrlwm o eiriau a nodau. Lleisiau yn ei atgoffa, lleisiau yn gwrthod ei adael yn llonydd, lleisiau yn ei bwnio a'i boenydio.

Ugain mlynedd yn ôl... Siaradwyd yn fyrbwyll a ffôl... Dere 'mla'n, yr hen Stalwyn, fe yfwn ni Gaernarfon yn sych... Ond heno fe gymerwn gam ymlaen... Hei, edrych 'rhen foi, dwy bishin o dan y cloc fan'co... Yn ôl i ddyddiau lle bu cân... Fe dreia i'n lwc gyda honna ar y dde... Ugain mlynedd yn ôl... Fe gei di'r llall... Ugain mlynedd yn ôl...

Yna, yn sydyn, llanwyd y ffenest flaen gan ddarlun gwahanol. Darlun real, nid rhith o'r gorffennol. Yno, yn union o'i flaen, ymlusgai lorri gymalog yn cario llwyth o foncyffion. Gwasgodd Alwyn ei droed ar y brêc. Troellodd y llyw gyda'i holl nerth i'r dde a gwasgodd unwaith eto ar y sbardun. Saethodd trwyn y car heibio i gynffon y lorri ac yno, o'i flaen, roedd y ffordd yn wag ac agored. Sgrialodd heibio i'r lorri a sŵn corn y gyrrwr blin yn atseinio yn ei glustiau. O gornel ei lygad sylwodd ar ddwy ferch, wedi closio at fôn y clawdd, yn gwylio'r ddihangfa yn gegrwth.

Ychydig i fyny ar y dde, gyferbyn â thafarn y Fraich Goch, gwelodd encilfa. Trodd i mewn yn ddiolchgar a gosododd ei ben i orffwys ar yr olwyn lywio. Rhedai diferion o chwys i lawr ei war. Clywodd rwnan cwynfan-llyd y lorri'n dynesu. Llusgodd y behemoth llwythog ei ffordd yn araf heibio iddo i fyny'r rhiw. Cododd Alwyn ei ben a gwelodd y gyrrwr yn pwyso allan drwy'r ffenest gan godi dau fys. Pwysodd Alwyn ei ben eilwaith ar yr olwyn lywio. Sigwyd ei gorff gan blwc o gryndod. Roedd gwatwar y corn yn dal i lenwi ei glustiau.

Camodd Alwyn allan o'r car a'i goesau'n dal i wegian,

a chlodd y drws. Croesodd y ffordd a cherdded i mewn i far tafarn y Fraich Goch. Yno archebodd hanner o shandi. Roedd ei fysedd yn dal yn drwsgwl wrth iddo geisio tynnu sigarét o'r blwch, ei gosod yn ei geg a'i thanio. Sugnodd yn ddwfn ar ei sigarét a phwyso'n ôl yn y gadair. Roedd ei nerfau'n dechrau llacio. Hyd yn oed wedyn doedd fawr o lonydd. Allan o jiwcbocs yn y cornel llifai llais Elvis yn canu 'A Fool such as I'. Cân addas iawn mewn mwy nag un ystyr. Fe deimlai'n dipyn o ffŵl. Ar ben hynny roedd y gân yn mynd ag e yn ôl union ugain mlynedd.

> *'Pardon me, if I'm sentimental*
> *When we say goodbye*
> *Don't be angry with me should I cry*
> *When you're gone, yet I'll dream*
> *A little dream as years go by*
> *Now and then there's a fool such as I...'*

Tywyllodd y fynedfa wrth i ddwy ferch gerdded i mewn, y ddwy a fu'n dystion i'w ddihangfa gyfyng funudau'n gynharach. Cariai'r ddwy sgrepanau a sachau cysgu ar eu cefnau. Bu'r ddwy'n sibrwd wrth ei gilydd yn dawel cyn i un ohonynt archebu dau hanner o lagyr. Ni chwestiynodd y tafarnwr eu hoedran er eu bod nhw'n edrych fel petaen nhw'n dal yn yr ysgol.

> *'Now and then there's a fool such as I am over you.*
> *You taught me how to love*
> *And now you say that we are through...'*

Gollyngodd un o'r merched, lefren bengoch hynod siapus, ei sgrepan ar y llawr ac estynnodd am un ei chyfeilles, blonden a oedd yr un mor lluniaidd. Wrth iddi droi, sylwodd am y tro cyntaf ar Alwyn. Trodd, ac yna ailymatebodd fel petai hi'n sylweddoli'n sydyn ei bod hi wedi ei adnabod. Gwenodd a cherddodd draw at ei chyfeilles. Bu mwy o sibrwd ac o biffian chwerthin rhyngddynt cyn i'r ddwy droi i syllu arno.

'I'm a fool, but I'll love you dear
Until the day I die
Now and then there's a fool such as I...'

Wrth i Alwyn geisio anwybyddu'r merched drwy droi at ei ddiod, clywodd nhw'n chwerthin. Arwydd digamsyniol, meddyliodd, o'u hanaeddfedrwydd. Ie, merched ysgol oedd y rhain yn sicr.

Mentrodd un ohonynt, y gochen, draw ato.

"Dw i'n iawn wrth feddwl mai chi ydych chi, ond ydw i?"

"Mae'n dibynnu pwy ydych chi'n 'feddwl ydw i."

Chwarddodd hithau'n hunanymwybodol a throdd at ei ffrind. Ymunodd honno â nhw gyda'r ddau hanner. Ymddangosai honno'n fwy hyderus, ac ychydig yn hŷn.

"Alwyn Mathews 'ych chi, ontefe?"

Ochneidiodd Alwyn yn dawel. Doedd hyn ond rhagflas o'r hunllef a fyddai'n ei ddisgwyl ar faes y Steddfod.

"Wel ie, er fy holl bechodau, fi ydw i. Ac rwy'n gwybod be sy'n dod nesa. 'Chi'n edrych yn dalach ar y radio.'"

Chwarddodd y ferch ac ymunodd y llall yn ei chwerthin. Ac er ei bod hi'n hen, hen jôc, gwenodd Alwyn.

"Na, ddim cweit. Ond fuoch chi'n lwcus 'nôl fan'na."

Yn sicr, doedd y gochen ddim yn brin o hunanhyder. Fe âi hon yn bell yn y byd.

"Do. Bai'r lorri. Ddylai rhyw bethau ara fel'na ddim bod ar ffyrdd bach y wlad. Beth bynnag, rwy'n groeniach. Eisteddwch."

Ac fe wnaeth y ddwy eistedd bob ochr iddo. Bu tawelwch am ysbaid gyda'r merched yn edrych ar ei gilydd gan wenu.

"R'yn ni ar ein ffordd i'r Steddfod." Y gochen eto.

"Fe wnaethon ni ddechrau hitsho o Lambed am saith y bore 'ma. R'yn ni wedi cerdded yr holl ffordd o Fachynlleth."

Teimlai Alwyn fod yna awgrym reit gryf yn ei llais.

"Ar y rât yma fe gyrhaeddwn ni Gaernarfon tua dydd Mercher."

Torrodd y ddwy allan i chwerthin unwaith eto, a'r chwerthin hwnnw braidd yn ffuantus.

"Na. Fe fyddwch chi yno ymhen llai nag awr a hanner. Fe gewch chi lifft 'da fi. Yfwch lawr i ni gael mynd."

Mewn chwinciad roedd gwydrau'r ddwy yn wag. Taflodd Alwyn eu paciau i gist y car cyn ailgychwyn. Wrth yrru i fyny am Gorris Uchaf gofynnodd Alwyn iddo'i hun pam yn y byd y gadawodd iddo fe'i hun ddisgyn i'r fath drap. Roedd y merched wedi ei adnabod o'r cychwyn cyntaf ac yn gwybod yn dda ei fod ar y ffordd i'r Steddfod. Roedd y ddwy, yn eu gwahanol ffyrdd, wedi chwarae rhan y merched bach diniwed. Ac roedd yntau, er yn ymwybodol o'u cynllwyn, wedi caniatáu iddo'i hun wamalu a chynnig eu cludo yno.

Ond na, roedd mwy i'r peth na hynny. Roedd cael rhywrai eraill yn y car, unrhyw rai, yn mynd i fod yn ymyrraeth ar y llif atgofion ac yn help iddo glirio'i ben. Trodd i edrych ar y gochen – hi, wrth gwrs, oedd yn y sedd flaen – a gwenodd.

"Wel, ferched, Caernarfon amdani."

7

Eisteddai Dewi a Roger yn y Regal yn disgwyl i Bethan ymddangos ar gyfer pryd ysgafn. Y nhw oedd yr unig gwsmeriaid yn lolfa'r gwesty, stafell a oedd wedi gweld dyddiau gwell ond a oedd eto yn adlewyrchu rhyw hen urddas.

Yma ac acw roedd cyffyrddiadau Fictorianaidd wedi goroesi, y llenni coch tywyll trymion gydag ymylon aur dros y ffenestri, yr asbidistras mewn potiau yn y cilfachau rhwng pileri, a'r papur wal melfed gwyrdd. Roedd rhywun, yn y gorffennol, wedi dechrau gweddnewid yr arddull drwy osod paneli *art déco* ar furiau'r cilfachau. Ond roedd yr addurnwr naill ai wedi blino ar yr adnewyddu neu wedi mabwysiadu hwch a oedd wedi hen fynd drwy'r siop.

Eto i gyd roedd hi'n stafell gynnes a glân. Nofiai arogl coffi o gyfeiriad y gegin ac roedd y seddi'n feddal-gysurus. Ac yn bwysicach na dim, roedd y lle'n plesio Dewi.

"Wel, dw i'n meddwl inni fod yn ffodus iawn yn ein defnydd o westy. Mae hi'n gymen yma, mae hi'n gysurus ac, yn bwysicach na dim, mae hi'n dawel."

"Ydi, yn dawel ar hyn o bryd. Am ba hyd sy'n fater arall. Trueni na fydden ni wedi cael gwesty y tu allan i'r dre. Erbyn heno fe fydd y lle 'ma yn gyrchfan i bob iob eithafol dan haul. Adferwyr, Undeb y Tancwyr, Bois y Bont, Bois Ffostrasol. Pawb ond blydi efengylwyr."

"Peidiwch â synnu na fydd y rheini yma hefyd. Efengylwyr dw i'n 'feddwl. Criw Duw. Ddim yma yn y lolfa, wrth gwrs. Nac yn y bar. Ond y tu allan yn gwthio'u cylchgronau o dan ein trwynau ni. Does dim llonydd i'w ga'l mewn Steddfod y dyddiau hyn. Mae 'na gymaint o bobol, yn eu ffordd eu hunain, â rhywbeth i'w werthu. A phawb, am ryw reswm, allan am ein gwaed ni, bobol y cyfryngau."

Pwysodd Roger yn ôl yn ei sedd a chododd ei olygon

at y siandelïer grisial a hongiai uwch ei ben. Fel popeth arall ynglŷn â'r gwesty roedd hwn hefyd wedi gweld dyddiau gwell. Roedd mwg cenedlaethau o sigaréts wedi'i felynu. Yna crwydrodd ei lygaid ar hyd y waliau at gasgliad o ffotograffau o'r Arwisgo ddeng mlynedd yn gynharach.

"Wnaiff rheina ddim para'n hir 'ma. Fe fydd y giwed wedi'u malu nhw er nad oes ganddyn nhw hawl i yfed yma."

Dim ond nodio'i ben yn amyneddgar a wnaeth Dewi.

"Wyddoch chi, Dewi, pan wnes i ofyn am gyfle i gyflwyno ambell eitem o flaen y camera..."

Tynnodd Dewi anadl ddofn. Disgwyliai sesiwn arall o wrando ar hunandosturi Roger. Ond fe'i synnwyd braidd wrth i hwnnw fynd ymlaen.

"... wedi meddwl, 'dyw ffryntio rhaglenni ddim yn fêl i gyd 'chwaith. Yn arbennig ar adegau fel hyn. Dyma'r unig adeg o'r flwyddyn, am wn i, pan dw i'n diolch am nad oes gen i wyneb cyfarwydd. Ma' pobol fel pla. Os nad ydyn nhw am lofnod maen nhw am wneud bywyd yn uffern gyda'u gwawdio dwl."

"Edwards bach, does dim angen bod yn wyneb cyfarwydd y dyddiau hyn i gynhyrfu'r diawlied. Mae gweld bathodyn cwmni teledu yn ddigon i'w cynddeiriogi nhw. Mae e fel macyn coch i darw."

"Diolch byth fod ganddyn nhw'u bar eu hunain y drws nesa. Lle addas iddyn nhw hefyd. Dim carped, gwydrau plastig."

Torrwyd ar draws y sgwrs gan ymddangosiad Bethan. Cododd Dewi i'w chyfarch ac wrth wneud hynny camodd at y bar a chydiodd mewn tair bwydlen a'u dosbarthu.

"Dewiswch, Bethan. Rhywbeth bach i aros pryd. Ac

os ga i ddweud, r'ych chi'n edrych yn bictiwr."

Gwenodd Bethan. Syllodd Roger arni ac yn ei feddwl cytunodd yn llwyr â Dewi. Oedd, roedd hi yn bictiwr. Ac os câi e ei ffordd fe fyddai e gyda hi yn y ffrâm cyn diwedd y Steddfod.

8

Fe fyddai cael unrhyw gwmni yn y car wedi bod yn fendith i Alwyn. Dwrdiai ei hun am iddo beidio â chodi rhywun neu rywrai yn gynharach ar y ffordd. Oedd, roedd unrhyw gwmni yn help i lusgo'i feddwl o'r gorffennol. Ond roedd cael cwmni fel y ddwy yma yn fonws gwerth chweil.

Fel o'r blaen roedd hi'n anodd iddo gadw'i feddwl ar yrru. Ond nid atgofion a'i blinai y tro hwn ond coesau'r gochen yn y sedd flaen. Roedd ei sgert wedi dringo i fyny ei chluniau. Ddim fod llawer o sgert yno i ddringo yn y lle cyntaf. Doedd hi ddim mwy na stamp.

'Sgert at 'i handbag, 'rhen Stalwyn.'

Ie, un o ddywediadau Joe. Er gwaetha'r atyniad wrth ei ochr roedd ambell i atgof yn dal i blycio. Sylwodd y ferch ar ei lygaid yn crwydro a cheisiodd dynnu ar yr hem. Gwingai braidd yn aneffeithiol a'r cyfan a lwyddodd i'w gyflawni oedd gwthio'i sgert i fyny hyd yn oed ymhellach. Gwenodd Alwyn. Sioe ar ei gyfer ef oedd hon.

"Wel, gan eich bod chi yn amlwg yn fy nabod i, fy nhro i nawr yw dod i'ch nabod chi."

Trodd y gochen i edrych ar ei ffrind. Yn y drych gwelodd Alwyn honno yn rhyw hanner gwenu. Trodd y gochen yn ôl.

"Anwen ydw i. A hon sy mor swnllyd yn y sêt ôl yw

'nghyfnither i, Lleucu."

"Wel, Anwen a Lleucu, mae hi'n neis iawn cwrdd â chi."

Heb iddo orfod procio'r tro hwn dechreuodd Anwen siarad. Wrth i'r car chwibanu i fyny dros Fwlch Tal-y-llyn cafodd wybod bod y ddwy yn byw yn Llambed, y naill ar ddiwedd ei blwyddyn gyntaf yn Aber a Lleucu ar fin dechrau ar ei blwyddyn gyntaf yn Abertawe.

"R'yn ni'n mynd lan i gwrdd â chyfnither arall, Mari. Ma' hi'n byw ym Mangor."

"Gyda'i theulu hi byddwch chi'n aros, mae'n debyg?"

"Ie, heno. Ond wedyn fe fyddwn ni'n siario pabell. Ma' Mari'n teimlo y byddai aros gyda'i theulu dros y Steddfod braidd yn boring."

Gwenodd Alwyn. Os oedd y drydedd gyfnither mor siapus â'r rhain roedd rhyw ddiawlied yn mynd i fod yn lwcus. Yn lwcus iawn. Daeth i'w feddwl y darlun delfrydol ohono fe'n siario pabell gyda'r tair. Neu'n well byth, siario gwely yn y gwesty.

"Hei, 'rhen Stalwyn, wyddost ti i fi lwyddo i wneud dwy fenyw yn hapus ar yr un pryd unwaith?"

"'Ti'n jocan."

"Na, wir i ti. A wyddost ti pwy o'n nhw?"

"Dim syniad."

"Wel, y fenyw wnes i mo'i phriodi. A'i blydi mam."

Chwarddodd Alwyn yn uchel. Ie, Joe unwaith eto.

Syllodd Anwen braidd yn od arno.

"Be sy mor ddoniol?"

"Mae'n ddrwg 'da fi. Meddwl am rywbeth wnes i, rhywbeth ddigwyddodd flynyddoedd yn ôl."

"Mae'n rhaid ei fod e'n rhywbeth neis iawn. Fe wnaethoch chi chwerthin yn uchel."

"Oedd, roedd e'n rhywbeth neis. Neis iawn."

9

Gollyngodd Alwyn y merched y tu allan i'r Regal. Oedd, roedd eu cwmni wedi bod o gymorth iddo rhag hel meddyliau. Ond fe fu'n anodd. Cofio'r orig ym Mhorthmadog pan geisiodd Joe archebu peint yn y dafarn gerllaw'r orsaf. Y tafarnwr o Sais yn ei ddanfon allan a Joe yn ymateb drwy daro clamp o rech ac yna'n cymryd arno fownsio'r rhech anweledig allan drwy ddrws y dafarn. Yna, dyma fe'n anelu cic ati.

Ac wrth ddringo trwy Benmorfa, cofiodd mai yno y llwyddodd Joe ac yntau i berswadio rhywun i stopio'i gar a chynnig lifft iddyn nhw yr holl ffordd i Gaernarfon. Gohebydd radio rhan-amser mewn hen Austin 10 coch a du.

Clodd Alwyn ddrws y car a phenderfynu gadael ei fagiau yn y gist tan yn ddiweddarach. Cerddodd drwy'r dderbynfa ac i mewn i'r lolfa a chanfod ei gydweithwyr wrthi'n gorffen eu byrbryd. O'r bar gerllaw deuai sŵn canu wrth i'r eisteddfodwyr cynnar ddechrau dangos eu presenoldeb. Y gân a gâi ei llofruddio ganddynt oedd 'Moliannwn'. Gallai weld oddi wrth wynebau Dewi a Roger nad oedd y sefyllfa yn eu plesio.

Closiodd Alwyn at y bwrdd heb i'r tri bwytäwr sylwi arno.

"Mae'r moch yn dechrau sgrechian yn gynnar."

"Disgrifiad da, Dewi. Fe fyddai twlc yn rhy foethus i'r moch hyn."

Gwenodd Alwyn wrtho'i hun.

"A phwy yw'r genfaint Gadaraidd sy ddim hyd yn oed yn haeddu twlc?"

Trodd Dewi i'w gyfarch.

"Ah! Mathews! Gawsoch chi siwrnai dda?"

"Do, er gwaetha ymgais malwod Clwb Carafanio Cymru i 'nghadw i'n ôl."

"Diod?"

Amneidiodd Dewi ar un o'r merched oedd yn gweini. Trodd Alwyn i edrych o'i gwmpas.

"Mae'r lle 'ma'n edrych yn ddigon cysurus, mae'n rhaid cyfadde."

Cytunodd Dewi.

"Dim ond gobeithio bod cyfleusterau'r Maes lawn cystal."

Cyrhaeddodd y ferch gyda llyfr archeb yn ei llaw a sefyll o flaen Dewi. Chwaraeodd yntau ran y gwesteiwr hael yn berffaith, er gwaetha'r ffaith mai ar gownt y cwmni yr âi'r ddyled.

"Nawr 'te, 'merch i. Yr un peth eto a...?"

Trodd yn ymholgar at Alwyn.

"G a T, os gwelwch chi'n dda."

Syllodd y ferch ifanc braidd yn ddryslyd. Gwenodd Dewi yn dadaidd arni wrth roi gwers fyrfyfyr iddi ar gymhlethdodau'r jargon cyfryngol.

"Mae'n amlwg eich bod chi'n newydd i'r gwaith."

Gwridodd y ferch.

"Ydw, mae'n ddrwg gen i. Dim ond gweithio dros y gwylia ydw i."

"Perffaith ddealladwy, 'merch i. Ystyr G a T yw *gin and tonic*. Fe ddewch chi i ddeall ein harferion ni erbyn diwedd yr wythnos. Gyda llaw, dewch â mesurau dwbwl i ni."

Gwnaeth y ferch gofnod o'r archeb a rhoi copi i Dewi cyn troi am gefn y cownter. Ymunodd Alwyn â'r tri gan sylwi fod Roger wedi gwthio'i gadair yn hynod agos at un Bethan.

"Sôn roedden ni pan ddaethoch chi i mewn, Mathews, am y brid newydd o anwariaid sy'n mynychu'r Brifwyl heddiw. Maen nhw'n bla."

"Ie," ategodd Roger, "a dweud pa mor beryglus yw hi i wisgo bathodyn y wasg neu'r cyfryngau'r dyddiau hyn."

"Dyna bris enwogrwydd," mentrodd Dewi. Cododd ei ddiod yn uchel a syllu ar ei gydweithwyr drwy'r gwydr. "Ma' enllibio pobol amlwg wedi dod yn rhan o ddiwylliant pobol ifanc heddi. Ar y ddiod mae'r bai. Dyw pobl ifainc ddim yn medru dal eu diod. A da o beth oedd darllen sylwadau T J Davies yn y *Western Mail* y bore 'ma y dylai'r awdurdodau roi stop ar bob cais am bob trwydded newydd i werthu alcohol."

Nawr roedd Dewi yn dechrau poethi.

"Rwy'n rhoi llawer o'r bai ar y cylchgrawn *Lol* yna hefyd. Does dim parch yn hwnnw at neb na dim y dyddiau hyn. Meddyliwch am enllibio dyn mor fawr â Chynan yn y Bala yn 1967. Gwarthus. A nawr, Syr Alun Talfan sydd dan y lach. Dim ond gobeithio y gwnaiff e fynd â'r maen i'r wal a dwyn y giwed sy'n gyfrifol am y rhecsyn i'r llys barn."

Trodd Roger at Alwyn gyda gwên goeglyd.

"Mae'n debyg y cei di dy enwi ynddo fe eleni eto. Rwyt ti'n rhyw fath o sefydliad ynddo fe erbyn hyn – ti a'r merched pyrcs."

"Rwy'n ei chymryd hi'n fraint cael mensh ynddo fe. Ac os na cha i sylw eleni eto fe ga i siom fawr. Dwyt ti'n neb yn y Gymru newydd os na chei di sêl bendith Robat Gruffudd."

"Dydi pawb ohonon ni ddim yn rhoi digon o achos i

unrhyw un ein henwi ni mewn sgandals."

Trodd Roger at Dewi fel petai'n disgwyl rhyw ameniad gan hwnnw. Ond gadawodd Dewi i'r ddadl barhau.

"Nid hynna yw e, Roger bach. Ddim yn dy achos di, beth bynnag. Y rheswm pam nad yw dy enw di wedi ymddangos yn *Lol* yw am dy fod ti'n ddiawl mor boring."

Cododd Roger yn fygythiol gan syllu i lygaid Alwyn.

"Nawr, gwranda di arna i, gwd boi…"

Teimlodd Dewi ei bod hi'n amser i dorri'r ddadl. Cododd a safodd rhwng y ddau fel dyfarnwr mewn gornest focsio.

"Gyfeillion, gyfeillion, dyna ddiwedd ar dynnu coes. Edrychwch, mae'r diodydd ffres yn cyrraedd."

Gosododd y ferch ifanc yr hambwrdd ar y bwrdd ac oedodd nes i Dewi arwyddo'r archeb wreiddiol. Cliriodd y llestri o'r bwrdd a chilio. Cydiodd pawb yn eu gwydrau a chododd Dewi ei wydr ei hun mewn cyfarchiad.

"Pob hwyl. Neu fel y dywedai'r hen Bontshân petai e yma, yfwch lawr, bois, beth yw'r gost lle bo cariad!"

"Dyna un cymeriad sy'n siŵr o ffeindio'i ffordd yma."

Cytunodd Dewi ag Alwyn.

"Yn bendant. Ond dydi hyd yn oed Pontshân ddim yn cael gwrandawiad teilwng y dyddiau hyn. Rhyw symptom diweddar yw'r diffyg parch yma. Doedd e ddim yn bod pan o'wn i'n ifanc."

Mentrodd Roger i'r ffrae unwaith eto.

"Fe alla i ddeall y peth, i raddau. Cyn belled ag y mae pobol fel ni, y cyfryngwyr, yn y cwestiwn, rhyw eiddigedd yw e. Maen nhw'n ein gweld ni mewn swyddi bras. Ond dydyn nhw ddim yn sylweddoli bod rhai ohonon ni yn gwneud diwrnod da o waith cyn iddyn nhw droi yn eu bagiau cysgu."

Cochodd Dewi wrth iddo geisio cadw'i dymer dan reolaeth.

"Disgyblaeth. Diffyg disgyblaeth. Dyna'r gwendid. Diffyg disgyblaeth ar yr aelwyd, yn fwy na dim."

"Digon gwir," cytunodd Roger. " 'Tai gen i blant fel rheina sy yn y bar fe dagwn i nhw i gyd, bob wan jac o'r diawlied."

Syllodd Alwyn o'i gwmpas. Collodd linynnau'r ddadl. Doedd yr hen le ddim wedi newid fawr ddim mewn ugain mlynedd. Crwydrodd o gwmpas yn freuddwydiol gan edrych ar rai o'r lluniau ar y wal. Lluniau o'r castell. Lluniau o'r Frenhines. Ac ychwanegiadau mwy diweddar, lluniau o'r Arwisgo...

10

Ar y wal hongiai dwsinau o luniau brenhinol eu testun, a'r gwydrau ar ddau ohonynt eisoes wedi cracio. Hofranai bownsyrs yma ac acw gan geisio cadw trefn.

O gwmpas y byrddau eisteddai criwiau o gyfryngwyr, pob un yn gwisgo bathodyn, pob bathodyn yn cyhoeddi bod ei berchennog yn chwarae rhan bwysig yng ngweinyddiaeth Eisteddfod Genedlaethol Caernarfon a Gwyrfai 1959.

"Arglwydd, 'drycha ar y bastards yma, 'rhen Stalwyn. Weles i ddim erio'd fwy o fathodynne hyd yn oed yn sioe feirch Llambed."

"Yn wahanol i sioe Llambed, cociau ŵyn sy fan hyn, nid cociau meirch. Ond 'ti'n iawn. Os nad oes gen ti fathodyn yn y Steddfod heddiw, dwyt ti'n neb."

Ar ganol bathodyn coch a wisgai un pwysigyn boliog a

hanner meddw roedd y gair PRESS. *Cerddodd Joe ato'n hyderus a gwasgu'r bathodyn. Yna plygodd a phwyso'i glust yn erbyn bol y gohebydd dryslyd.*

"Press, *myn yffarn i. Wel, dw i wedi gwasgu. Pam nad wyt ti'n blydi canu?*"

Gwthiodd y gohebydd law Joe i ffwrdd a throi ei gefn. Gafaelodd Alwyn yn ei ysgwydd a'i droi i'w wynebu.

"*Paid ti â gwthio'n ffrind i amboitu'r lle, gwd boi. Pwy ddiawl 'ti'n meddwl wyt ti, beth bynnag? Ti a gweddill dy fêts pwysig di. Pan ddaw'r chwyldro, gwd boi, ti a dy siort fydd y cynta i gael eich gosod yn erbyn y wal.*"

Gwylltiodd y gohebydd a dechrau pregethu'n edliwgar gan droi at ei ffrindiau am ategiad.

"*Dyma nhw, cynnyrch yr oes newydd.*"
Yna trodd yn ôl at y ddau.

"*Trueni mawr fod consgripsiwn newydd ddod i ben. Fe wnâi dos fach o'r armi les i chi. Ro'wn i yn y Rhyfel ac rwy'n cofio bracsan i fyny at fy mhennau-gliniau drwy waed y Japs.*"

Saliwtiodd Joe a chliciodd ei sodlau. Yna gafaelodd yng ngholer y gohebydd a'i wthio yn erbyn y wal yn fygythiol.

"*Os na wnei di gau dy ben fe fyddi di'n bracsan i fyny at dy benglinie drwy dy waed dy hunan.*"
Ciliodd y gohebydd i ganol ei gyd-ohebyddion. Gwnaeth Alwyn ffurf gwn â bysedd ei law chwith gan anelu at y criw.

"*Bang! Bang! Bang!*"

Chwarddodd Joe a gafael mewn gwydr oddi ar y bwrdd a'i daflu ar y llawr gan ei falu'n deilchion.

"*Bang…!*"

11

Bang!

Neidiodd Alwyn wrth i'w wydr ddisgyn yn deilchion ar lawr pren sgleiniog y lolfa. Edrychodd o'i gwmpas mewn syndod. Roedd llygaid y lleill wedi'u hoelio arno. Dewi oedd y cyntaf i ymateb. Camodd yn frysiog tuag at Alwyn.

"Mathews... Ydych chi'n iawn?"

Gyda'i fraich wedi'i gosod yn dadaidd o gwmpas ysgwyddau Alwyn, edrychodd Dewi i fyw ei lygaid a'i gymell i eistedd.

"Beth? Ydw... Fe lithrodd y gwydr o 'nwylo. Dyna i gyd... Blinder, mae'n siŵr gen i, ar ôl gyrru i fyny yma."

Er gwaethaf pwysau braich Dewi ar ei ysgwydd, cododd Alwyn yn simsan. Rhwbiodd ei lygaid.

"Dw i'n meddwl mai'r peth gorau i fi fydd mynd i 'ngwely am ryw awr neu ddwy."

Syllodd Roger a Bethan ar ei gilydd mewn penbleth wrth i Dewi ffwdanu o'i gwmpas fel hen iâr â'i chyw.

"Ie, gwnewch chi hynny, Mathews. Fe wnaiff cwsg fyd o les i chi. Wedi'r cyfan, mae wythnos galed o'ch blaen chi. O'n blaen ni i gyd."

Gadawodd Alwyn y lolfa a'i ben yn dal yn ysgafn. Trodd Dewi at y ddau arall, a'i lygaid yn llawn pryder.

"Rwy'n gofidio am Mathews y dyddiau hyn. Rwy'n rhyw amau ei fod e wedi gorwneud pethau braidd."

Syllodd Roger yn awgrymog ar Bethan. Gwridodd honno a throi i ffwrdd ac aeth allan. Closiodd Roger at Dewi gyda gwên.

"A, wel, mae'n amlwg mai dim ond ni'n dau sy'n medru

dal y straen. Dim ond ni'n dau sydd â'r stamina eisteddfodol angenrheidiol. Un arall, Dewi? Ac fe wna i dalu am hwn."

Cerddodd Roger yn ysgafn at y cownter. Dilynwyd ef gan Dewi. Roedd golwg feddylgar ar ei wyneb.

12

Gorweddai Alwyn ar wastad ei gefn ar ei wely. Er ei fod yn flinedig, roedd cwsg ymhell o'i feddwl. Sugnodd yn ddwfn ar ei sigarét. Chwythodd y mwg allan yn araf gan ei wylio'n troelli am eiliad cyn cael ei gipio'n sydyn a'i sugno allan drwy'r ffenest hanner agored.

Trodd wrth glywed y drws yn gwichian a'i weld yn agor yn araf a Bethan yn cripian i mewn wysg ei chefn. Amdani roedd gŵn gwisgo a chyn i Alwyn gael cyfle i'w chyfarch gosododd fys ar ei gwefus uchaf yn rhybuddiol. Yna pwysodd allan i edrych i fyny'r coridor cyn troi ei chefn ar y drws a'i wthio ynghau yn bwyllog a gofalus o'i hôl. Gwingodd wrth glywed gwichian y colfachau unwaith eto.

Tynnodd Alwyn lond ysgyfaint o fwg a'i chwythu allan drwy ei ffroenau. Doedd ganddo fawr o ddiddordeb yn anturiaethau cyfrinachol Bethan.

"Pwy ddiawl ti'n 'feddwl wyt ti, Mata Hari?"

Taflodd Bethan ei hun yn swp ar erchwyn y gwely a gollyngodd ochenaid o ryddhad.

"Mae o wedi mynd o'r diwedd."

"Pwy? James Bond?"

Chwarddodd y ferch.

"Petai e'n Sean Connery, rhedeg ar ei ôl o fyswn i, nid cuddio rhag iddo fo fy ngweld i."

"Wel, os nad James Bond, pwy ddiawl yw'r ysbïwr 'ma sydd â'i lygaid arnat ti?"

"Dewi."

Cododd Alwyn ar un benelin.

"Dewi? Ers pryd ma' hwnnw yn ymddwyn fel hen ddyn budur?"

"Doedd o ddim yn meddwl unrhyw ddrwg. Fi sydd wedi bod yn ceisio cael cyfle i ddod draw yma ers deng munud. Ond mae Dewi wedi bod yn patrolio'r coridorau fel rhyw swog yng Nglan-llyn."

Doedd Alwyn ddim yn deall y peth. Pam rhyw chwarae cwato plentynnaidd fel hyn? Beth oedd pwrpas yr holl beth?

"Mae o wedi mynd i'w stafell bellach, dw i'n meddwl."

"Dwyt ti erioed yn ofni y bydd Dewi yn dy weld di'n dod i'n stafell i? Dydi hyd yn oed Dewi ddim mor biwritanaidd â hynna."

"Na, nid ofni iddo fo 'ngweld i ydw i. Ond dydw i ddim am wneud y peth yn rhy amlwg. Y peth olaf dw i isio yw cael fy ngweld fel rhyw hoeden bowld yng ngolwg Dewi. Dw i ddim am ei siomi fo."

"Dyw e ddim yn dwp. Mae e'n gwybod yn dda fod pethau wedi difrifoli rhyngon ni."

"Wyt ti'n meddwl?"

"Wrth gwrs ei fod e. A hyd yn oed petai e ddim, fe wnaiff Roger yn siŵr y bydd e'n gwybod."

Synnodd Alwyn ei chlywed hi, bron iawn, yn achub cam Roger.

"Mae Roger yn ocê. Eiddigeddus ydi o, dyma'r cwbwl."

Chwarddodd Alwyn.

"'Ti'n meddwl nad ydw i'n ymwybodol o hynny? Anghofia hwnnw. Methu deall rydw i beth oedd Dewi yn ei wneud allan ar ben y grisiau mor hir. Does bosib ei fod e'n cadw golwg arnat ti o ddifri?"

"Na, cyfarfod â rhyw feirniad canu sy'n aros yma wnaeth o. A does dim angan i ti ddyfalu beth oedd testun y sgwrs."

"Blydi Verdi."
Cododd Alwyn ac ymsythu gan fabwysiadu osgo mwyaf rhodresgar y cyfarwyddwr bach a dynwared ei lais.
"Gadewch i mi adrodd i chi am *Requiem* Verdi a'm rhan i yn y llwyddiant."

Chwarddodd Bethan yn uchel. Yna daeth i stop sydyn a gosod ei llaw dros ei cheg.

"Gobeithio na wnaeth o ddim clywed. Ond deg allan o ddeg am y dynwarediad. Mi gawson ni'r stori ar hyd y ffordd fyny. A mynd trwy'r union stori roedd o pan ddes i allan o'm stafell."

"Peth od iddo fe dy weld di o gwbwl. Mae Verdi yn arfer ei ddallu fe i bopeth arall dan haul."

"Fi wnaeth ddim ei weld o mewn pryd. Mi gerddais i rownd y gornel ac yn syth i mewn iddo fo."

Y tro hwn ei thro hi oedd dynwared y dyn bach.

"'Lle 'dych chi'n mynd yn eich *dressing gown*?' medda fo. 'I gael bath,' medda fi. 'Wel, wel,' medda fo, 'oes yna ddim bath yn eich stafell chi?' "

"A sut dest ti allan o hynna?"

"Deud fod rhwbath yn bod ar y gwresogydd. A bod y dŵr yn oer. Deud nad oedd dim amdani ond defnyddio'r stafell folchi ar ben draw'r coridor."

Daeth rhyw galedwch i lais Alwyn. Gwyddai y byddai'n edifar ganddo cyn iddo hyd yn oed agor ei geg. Ond er gwaethaf hynny, ei hagor a wnaeth.

"Rwyt ti'n mynd i ddringo'n uchel. Ma' dweud celwydd

gydag arddeliad yn dod yn ail natur i ti."

Roedd ymateb Bethan yr un mor chwerw.

"Ti yw'r athro gorau y medrwn i ei gael. Pan fo merch yn cario 'mlaen yn gyfrinachol gyda dyn priod, mae gofyn iddi ddysgu deud celwydd, a hynny'n rhugl."

"Mae'n ddrwg gen i. Ro'wn i'n gofyn am hynna."

Eisteddodd Alwyn ar droed y gwely a phwyso'i ben yn ei ddwylo. Closiodd Bethan ato yn betrusgar braidd.

"Alwyn, beth yn y byd sy'n dy boeni di'r dyddia hyn? Dydw i ddim yn dy ddallt di. Os ydw i wedi gwneud rhwbath o'i le, dwed wrtha i. Rwy'n teimlo dy fod ti wedi pellhau oddi wrtha i'n ddiweddar. Dwed wrtha i, be sy'n bod?"

Wrth i'w llaw gyffwrdd â'i wyneb, tynnodd yn ôl oddi wrthi a chodi. Yna trodd tuag ati yn ddiamynedd.

"Pam fod pawb yn mynnu fod rhywbeth yn bod arna i? Dewi, Roger a nawr, ti. Be ddiawl sy'n bod arnoch chi i gyd? Rwy'n iawn – dim ond i fi gael llonydd."

Unwaith eto, gwyddai iddo gawlio pethau. Cyn iddo fedru dechrau ymddiheuro'r tro hwn roedd Bethan yn agor y drws.

"Llonydd, ddeudest ti? Llonydd? Iawn, Alwyn, mi gei di lonydd. Rwy'n mynd."

Tynnodd y drws yn llydan agored a rhuthrodd allan, a'i dwylo dros ei hwyneb. Ceisiodd Alwyn gydio yn ei braich i'w hatal. Ond llusgodd ei hun yn rhydd. Dilynodd Alwyn hi i lawr y coridor gan weiddi ei henw. Ond ni throdd Bethan yn ôl.

Wrth i Alwyn ddychwelyd tua'i stafell daeth Dewi i ben drws ei stafell ei hun. Roedd yr holl gyffro wedi denu ei chwilfrydedd. Wrth weld Bethan yn rhedeg un ffordd ac Alwyn yn cerdded yn ddiamynedd y ffordd arall ysgydwodd ei ben yn drist.

"Twt-twt," meddai'r cyfarwyddwr bach cyn troi yn ei ôl i wrando ar Verdi ar ei recordydd casét. "Twt-twt, wn i ddim be ddaw o bobol ifanc yr oes hon."

13

Tra oedd Dewi'n hepian yn fodlon yn seiniau'r *Requiem* roedd Roger yn yfed ar ei ben ei hun wrth gownter y lolfa. Gosododd George, y barman, y lliain sychu gwydrau o'r neilltu a gwthiodd wydr gwag ei gwsmer ddwywaith yn erbyn yr optig *gin*. Tynnodd Roger ei waled allan ond fe'i ataliwyd gan George.

"Na, na. Mi gaf i hwn. Mae'n bleser cael eich cwmni chi yma, chi a'ch ffrindiau."

Sylwodd Roger na wnaeth y barman unrhyw symudiad tua'r til. O boced y perchennog y deuai'r G a T dwbwl. Roedd George yn ei deall hi.

"Wel, chi'n garedig iawn. Iechyd da i chi. Ond nid chi ddylai ddiolch i ni. I'r gwrthwyneb. Mae ganddoch chi le braf yma."

Gwthiodd George ei frest allan fel hen geiliog balch. Cododd ei ysgwyddau gan geisio adlewyrchu'r ffaith na fu chwarter canrif gyda'r Ffiwsilwyr Cymreig yn gwbl ofer.

"Wel, rwy'n gwneud fy ngorau. Mae hi'n anodd weithiau, wrth gwrs. Fel yr adeg hon, er enghraifft. Ond fe ddes i drwyddi ugain mlynedd yn ôl. Ac fe ddo i drwyddi y tro hwn hefyd, gyda lwc."

Cymerodd y barman gip bach cyfrwys o'i gwmpas. Gafaelodd mewn gwydr a'i wthio'n slei yn erbyn yr optig wisgi *Grouse*.

"Mae ganddoch chi brofiad o ddelio â chwsmeriaid Steddfod, felly?"

"Mi ges i fedydd tân 'nôl yn 1959. Dim ond mis o'n i wedi bod yma cyn hynny. Roedd lle uffernol yma. Mewn deng mlynedd o fyw yn Llundan, a hynny yn Holloway Road, cofiwch, welais i ddim byd tebyg."

"Roedd hi'n ddrwg yma, felly?"

Yfodd George lwnc o'i wisgi. Pwysodd ar y bar ac edrych yn ddifrifol ar Roger. Roedd ganddo gynulleidfa ar gyfer ei hoff bregeth.

"Yn ddrwg, ddwedoch chi? Yn ddrwg? Ochr yn ochr ag Eisteddfod pum deg naw mae Ffair y Borth fel trip Ysgol Sul i'r Rhyl. Ond dyna fo, do'n i ddim yn gwybod be i'w ddisgwyl bryd hynny. Rwy'n barod y tro hwn."

Gwenodd Roger. Roedd hwn yn rwdlyn o'r radd eithaf. Ac eto, os chwaraeai ei gardiau yn iawn, fe allai'r hen George fod yn ddefnyddiol.

"Mae'n dda gen i glywed eich bod chi'n barod i ddelio â'r moch sy'n dilyn yr Eisteddfod y dyddiau hyn."

"O, ydw, rwy'n barod. Mae ganddyn nhw eu cafnau eu hunain. Mi fydd y lolfa yma ynghau i bawb ond i chi'r gwesteion go-iawn. A'ch ffrindiau, wrth gwrs. A dw i wedi perswadio'r perchennog i gael trwydded clwb i'r bar drws nesa. Dyna pam 'dan ni'n medru bod ar agor drennydd, ar y Sul. Ac mae gen i fyddin o fownsars i gadw trefn."

"Fe fydd eu hangen nhw."

"Bydd, diolch i'r heddlu a'r ynadon gwirion sy gynnon ni yma yn y dre."

"O, ie. Busnes y Twrw Tanllyd sy ar eich meddwl chi, ie?"

Gwagodd George ei wydr. Ar ôl edrychiad cyfrwys o'i gwmpas fe'i hail-lenwodd. Cipiodd wydr Roger hefyd a gwnaeth yr un fath gyda hwnnw.

"Peth gwirion ar y naw fu gwrthod trwydded iddyn nhw. Mae hynny'n mynd i olygu y bydd y bastards bach di-wardd yn meddwi'n chwil yn y dre cyn mynd ar gyfyl y lle. Y Twrw wedi'r cwrw, fel petai."

Chwarddodd George wrth iddo werthfawrogi ei glyfrwch ei hun. Gwthiodd Roger chwerthiniad bach gwerthfawrogol o gorn ei wddf.

"Ie, da iawn. Y Twrw wedi'r cwrw. Mae ganddoch chi ddawn bardd, George."

"Cofiwch y dywediad bach yna. Mi gewch chi fy nghaniatâd i'w ddefnyddio fo ar eich rhaglen."

"O, fe wna i gofio hynna. Ond yn anffodus dydw i ddim ar y rhaglen. Fi sy'n gwneud y bwledi ond rhywun arall fydd yn eu tanio nhw. Ond fe gofia i'r lein fach yna. Hwyrach y daw hi'n ddefnyddiol."

Bodlonwyd George. Gwenodd yn bwysig.

"Mi wnes i ennill ar y llinell goll unwaith yn eisteddfod Clwb y Cymry yn Grays Inn Road. Ond r'ych chi'n fy synnu i. Mae'n anodd meddwl mai yn y cefndir mae rhywun fel chi."

"Wel, fel yna mae pethau. Ond rwy'n gobeithio'n fawr y ca i fy rhaglen fy hun cyn hir. Felly, os clywch chi ambell i stori fach ddiddorol yn ystod yr wythnos…"

Winciodd Roger yn awgrymog ar y barman. Gwenodd hwnnw'n ôl arno'n gynllwyngar.

"Dw i'n dallt be sy gynnoch chi mewn golwg. Peidiwch â gofidio, mi gofia i amdanoch chi. Nawr 'te, beth am un bach arall cyn i fwy o'r anwariaid gyrraedd y drws nesa?"

Llyncodd Roger weddill ei G a T a gwthiodd ei wydr gwag tuag at George.

14

Golchi'r ewyn siafio o'i wyneb roedd Alwyn pan glywodd guro ysgafn ar y drws. Gwahoddodd y curwr i mewn. Doedd dim angen iddo droi i weld pwy oedd ei ymwelydd. Roedd y curiad eisoes wedi ei sicrhau mai Dewi oedd yno. Pum cnoc cyflym a dau araf. Dyna ddrymiad migyrnau Dewi bob amser. Wrth iddo sychu'i wyneb yn y drych, gwyliodd Alwyn e'n cymryd dau gam i mewn ac un ansicr yn ôl.

"Mae'n ddrwg 'da fi, Mathews. Chi'n brysur. Fe ddo i'n ôl."

"Dim o gwbwl. Dewch mewn ar bob cyfri. Rwy bron â gorffen. Mae gan y Saeson eu tair 'S' sydyn, on'd oes – *shit, shave and a shampoo*. Wel, rwy wedi cwblhau'r tri, mae'n dda gen i ddweud."

Gwelodd Dewi'n gwingo wrth glywed y fath gabledd. Penderfynodd Alwyn wthio'i anweddustra'n ddyfnach er mwyn gwneud i'r creadur deimlo hyd yn oed yn fwy annifyr.

"Sori, Dewi. Gan ein bod ni yn y Brifwyl, fe ddylwn i fod yn fwy gofalus o'r hyn dw i'n ei ddweud."

Gwenodd hwnnw a chamodd ymhellach i mewn i'r stafell.

"Yr hyn y dylwn i fod wedi'i ddweud, wrth gwrs, oedd cachiad, ymolchiad a siafiad. Mae'r tri gair yn odli yn y Gymraeg."

Camodd Dewi yn ôl. Roedd ei wyneb yn fwgwd o anniddigrwydd.

"Oes rhaid i chi fod mor fasweddus, Mathews? Dydych chi ddim gwell na'r anwariaid yna sydd yn y bar."

"Mae'n ddrwg 'da fi. Ysbryd y Steddfod yn dechrau cydio, siŵr o fod. Ond eisteddwch, Dewi. Be alla i 'wneud i chi?"

Eisteddodd y cynhyrchydd ar ymyl y gadair a safai wrth erchwyn y gwely. Bu tawelwch am rai eiliadau. Trodd Alwyn i syllu arno, a'r hylif *Old Spice* yn sychu ar gledr ei law. Pesychodd Dewi yn nerfus, braidd, cyn mentro torri gair ymhellach.

"Dod yma wnes i… wel, i weld a ydych chi'n teimlo'n well erbyn hyn."

Roedd ateb Alwyn braidd yn swta.

"Sdim byd yn bod arna i."

Cododd Dewi a lledu ei ddwylo fel rhyw feddyg cysurlon.

"Na, na, rwy'n gwybod hynny. Dim byd difrifol. Blinder wedi'r siwrnai. Mae hynny'n medru effeithio ar y gorau ohonon ni. Gwely cynnar, ac erbyn fory fe fyddwch chi fel y gog."

Sylweddolodd Alwyn ei bod hi'n hen bryd iddo gael gwared ar Dewi. A'r unig ffordd i wneud hynny oedd ei berswadio fod popeth yn iawn.

"Gwely cynnar? Dewi bach, rwy wedi hen fwrw 'mlinder. Wnes i erioed deimlo'n well."

Llwyddodd y perfformiad. Bodlonwyd Dewi. Gwenodd a gosod ei ddwy law ar ysgwyddau Alwyn.

"Dyna'r agwedd dw i'n ei hoffi. Brwdfrydedd. Fe gaiff y gwylwyr sioe i'w chofio."

Ond yn hytrach na gadael, dal i sefyllian a wnaeth Dewi.

"A dweud y gwir, Mathews, nid y chi sy'n 'y ngofidio i fwya. Bethan sy'n 'y mhoeni i. Ydi hi'n iawn?"

Ac yntau ar hanner clymu ei dei, trodd Alwyn mewn syndod.

"Bethan? Ydi, mae hi'n iawn cyn belled ag y gwn i. Ond os ydych chi'n poeni cymaint amdani, pan na wnewch chi ofyn iddi hi?"

"Fe wnes i ystyried gwneud hynny. Ond dydw i ddim am ei phoeni hi os nad oes dim byd o'i le. Ond fedrwn i ddim llai na sylwi arni'n rhedeg allan o'ch stafell chi gan grio gynnau fach."

Roedd hyn yn ormod i Alwyn. Camodd yn herfeiddiol tuag at Dewi. Hyrddiodd ei eiriau'n fwriadol goeglyd.

"Os ydych chi'n ofni i fi geisio'i threisio hi, yna fe alla i'ch sicrhau chi na wnes i gyffwrdd â hi."

Ond yn rhyfeddol, daliodd y dyn bach ei dir. Cododd ei law mewn osgo a orchmynnai osteg. Aileisteddodd yn y gadair.

"Hwyrach mai dyna pam roedd hi'n crio, Mathews. Am i chi beidio â chyffwrdd â hi."

Safodd Alwyn yn syn. Roedd geiriau annisgwyl Dewi wedi ei daro yn ei dalcen.

"Beth yn union 'dych chi'n ei feddwl, Dewi?"

Fel arfer, fe fyddai'r cyfarwyddwr bach wedi ildio, wedi gwneud rhyw esgus tila a gadael. Ond ddim y tro hwn. Roedd mwy o ruddin yn Dewi nag a freuddwydiodd Alwyn.

"Peidiwch meddwl am funud 'mod i'n busnesu. Ond dydw i ddim yn dwp. Mae hi'n amlwg i bawb eich bod chi a Bethan yn fwy na ffrindiau…"

"Fe fyddwn i'n meddwl mai fy musnes i a Bethan yw hynny."

"O, rwy'n cytuno. Yn cytuno'n llwyr. Eich busnes chi a Bethan yw unrhyw berthynas sy rhyngoch chi. Ond pan fydd eich perthynas chi'n cael effaith andwyol ar eich gwaith, mae e'n fater i finnau hefyd."

Sobrodd Alwyn. Erbyn hyn, y fe oedd yn amddiffynnol. Doedd e ddim yn gyfarwydd â'r Dewi hwn.

"Ceisio dweud rydych chi eich bod chi'n poeni am safon fy ngwaith i. A gwaith Bethan. Dyna'ch pwynt chi, ontefe?"

"Na. Ddim eto, beth bynnag. Rhyw rybudd yw hwn cyn i'ch gwaith chi ddiodde. Neu falle y dylwn i ddweud *rhag* i'ch gwaith chi ddiodde."

Roedd Dewi yn hollol iawn. Ac roedd Alwyn yn sylweddoli hynny. A'r peth olaf y dylai ei wneud oedd cychwyn dadl. Yn yr ysbryd annisgwyl hwn gwyddai y câi, yn Dewi, wrthwynebydd dygn. Dewisodd y ffordd gallaf, ffordd y cachgi. Cymodi oedd yr ateb. Gosododd ei law yn gadarn ar ysgwydd Dewi.

"Mae'n ddrwg 'da fi, Dewi. Chi sy'n iawn. Ac rwy'n gwerthfawrogi'ch pryder chi ynglŷn â'ch staff. Ond fe wn i ar yr un pryd fod hwn hefyd yn fater llawer mwy personol i chi. Rwy'n sylweddoli fod ganddoch chi feddwl mawr o Bethan. A 'dych chi ddim am ei gweld hi'n cael ei brifo."

"Fedra i ddim gwadu hynna. Mae hapusrwydd personol y staff yn fater o bryder i fi. Cyn i long hwylio'n dawel mae angen i'r criw fod yn gytûn."

Ailgydiodd Alwyn yn ei dei a'i chlymu. Gwenodd yn gymodlon.

"Wel, fe alla i'ch sicrhau chi fod popeth yn iawn rhwng Bethan a fi. Rhyw gweryl bach dibwys, dyna i gyd. Ac fe alla i'ch sicrhau chi ymhellach na wna i unrhyw beth, yn fwriadol, i frifo Bethan."

Cododd Dewi. Daeth ychydig o liw yn ôl i'w ruddiau. Roedd y munudau diwethaf wedi bod yn anodd iddo.

"Diolch, Mathews. Fe lwyddoch chi i dawelu 'meddwl i. Nawr 'te, dewch. Mae'r lolfa'n agored."

Wrth i'r ddau ddisgyn y grisiau, sylweddolodd Alwyn iddo fod mewn dadl. A gwyddai nad y fe a lwyddodd i ddod allan ohoni orau.

15

Parhau yn hynod ffri a wnâi lletygarwch George tuag at Roger yn y lolfa. Bron nad oedd eu lleisiau'n cystadlu'n llwyddiannus â'r twrw o'r bar. Dal i frolio'i hun a wnâi George, rhywbeth y medrai Roger ddygymod ag e yn hawdd wrth i'w wydr droi'n gelwrn diwaelod.

"O, gwnaech, fe wnaech chi synnu cymaint mae rhywun yn ei weld a'i glywed o'r tu ôl i'r cownter yma."

"Fe alla i gredu. Rwy wedi canfod ambell i sgandal bach blasus iawn mewn tafarndai. Does dim byd fel alcohol i lacio tafodau."

"Siŵr iawn. Ond yr ochr yma i'r cownter yw'r lle gorau. Dydi pobl ddim yn sylwi ar farman. Mae o fel bod yn bostmon ar y stryd. Rwy'n anweladwy. Ond rwy'n gweld drwyddyn nhw ar unwaith. Rhywun yn dod yma gyda'i ddynas ffansi. Dyn busnas yn stwffio wisgi i lawr corn gwddw cadeirydd y cyngor. Iddyn nhw, 'rhen George ydw i. Fydd yr hen George yn clywad dim. Fydd yr hen George yn gweld dim. Fydd yr hen George yn deud dim. Bron iawn eu bod nhw'n credu bod yr hen George yn dallt dim. Ond dydi'r hen George ddim yn gymaint o ffŵl ag y maen nhw'n ei feddwl. Mae gan yr hen George gof da. Na, nid ffŵl mo'r hen George."

Chwarddodd Roger yn uchel. Nid effaith y pedwar G a T oedd yn gwbl gyfrifol am ei deimlad da.

"George, rwy'n dechrau dod i'ch hoffi chi. R'yn ni'n

dau yn adar o'r unlliw."

Plygodd y barman yn llechwraidd dros y cownter tuag at Roger gan sibrwd yn ei glust.

"Cymerwch gyngor gan hen lwynog sydd wedi gweld dipyn ar yr hen fyd yma. Os oes gynnoch chi wybodaeth fach sensitif am rywun, peidiwch â'i rhannu ar unwaith. Cadwch yn dawel nes daw'r cyfla iawn i'w datgelu. Fel mae'r Llyfr Mawr yn deud, mae amsar i hau ac amsar i fedi."

"George, rwy'n eich deall chi'n berffaith. Ac yn cytuno. A gan i chi gyfeirio at y Beibl fe wna innau'r un peth. Rwy'n gredwr mawr mewn taflu fy mara ar wyneb y dyfroedd. Ond cyn i fi wneud hynny, fel Cardi da, rwy'n gwneud yn siŵr fod y llanw ar ei ffordd i mewn."

Y tro hwn, chwerthin George oedd uchaf wrth iddo gipio gwydr Roger a'i ail-lenwi. Wrth iddo wneud hynny, cerddodd Dewi ac Alwyn i mewn. Trodd Roger i'w croesawu cyn taflu gorchymyn dros ei ysgwydd.

"Dau arall hefyd, George. Rhai mawr. Mae'n rhaid fod fy nau gydweithiwr cydwybodol yn sychedig erbyn hyn."

Cyn iddo ufuddhau, cyfarchodd George y ddau yn gynnes. Roedd ei gyfarchiad braidd yn floesg.

"Wel, wel, croeso, gyfeillion. Mae Dewi a minnau wedi cyfarfod o'r blaen, wrth gwrs. Ond dydw i ddim wedi cael y fraint o gyfarfod â chi, Mr Mathews."

Syllodd Alwyn arno mewn syndod. Ie, y fe oedd e heb amheuaeth. Yr union farman y cawsai Joe ac yntau gymaint o drafferth gydag e ugain mlynedd yn ôl.

16

Roedd hi wedi bod yn sesiwn ddigon egr. Joe ac yntau wedi cychwyn yn blygeiniol yn y Twthill. Yna ymlaen i'r Black Boy.

"Arglwydd, edrych, 'rhen Stalwyn. Rheina sy'n yfed wrth y ffenest."

"Beth amdanyn nhw?"

"'Ti ddim yn eu nabod nhw? Nac wyt, wrth gwrs. Sda ti ddim diddordeb mewn unrhyw beth na fedri di 'i yfed neu 'i stwffio."

Chwarddodd Alwyn. Cododd i brynu mwy o gwrw. Pan ddychwelodd roedd sedd Joe yn wag a gwelodd ei fod wedi ymuno â'r tri dyn a'r fenyw wrth y ffenest. Roedd Alwyn wedi yfed hanner ei beint erbyn i Joe ddychwelyd, ar ôl ysgwyd llaw â'r criw dieithr. Winciodd yn ddirgel ar Alwyn.

"Rwy wedi'i chracio hi, was. Ma'r rheina yn aros yn y Regal. Cyfle am beint wedi amser."

"Ond pwy uffarn ydyn nhw?"

"Pedwar samaritan nid anenwog a all ddod i'r adwy yn awr ein cyfyngder. Hwnna ar y dde yw Keidrych Rhys, colofnydd yr Empire News. *A'r llall, neb llai na Robin Day. Y fenyw yw Siân Phillips. Ma' hi'n ca'l ei derbyn i'r Orsedd. Ond y llall, y pedwerydd, yw'r enw mawr."*

"Ie, dere 'mla'n, pwy yw e?"

"Neb llai na Peter O'Toole, gwd boi."

"'Ti'n jocan. Hwnna sy newydd wneud enw iddo'i hunan yn y Bristol Old Vic?"

"Neb llai. Ma' Keidrych yma yn rhinwedd 'i swydd ac fe wnaeth e wahodd Robin Day, hen gyfaill iddo fe, i ddod gydag e. Ac ma' O'Toole yma yng nghysgod Siân Phillips, wrth

gwrs. Cyn iddi hi droi at actio fe wna'th hi ennill droeon ar yr adrodd yn y Steddfod. Ac ma'r criw wedi 'ngwahodd i draw am beint i'r Regal unrhyw amser. Wedes i wrthot ti y byddwn i'n trefnu pethe, ond do fe?"

Cleciodd y ddau eu peintiau. Ac ar ôl i Joe ffarwelio'n foneddigaidd â'r criw dethol fe aeth Alwyn ac yntau ymlaen o dafarn i dafarn. Roedd hi'n agosáu at amser cau pan lwyddodd y ddau i gyrraedd y Regal. A dyna pryd y dechreuodd Joe enllibio bois y wasg cyn taflu ei wydr peint ar y llawr. A hynny, wedi cryn chwarter awr o enllibio, wnaeth ddenu'r barman tew allan o'i far i'w ceryddu.

"Chi'ch dau... Allan. Dw i wedi cael hen ddigon o'ch nonsans chi am heno. Allan rŵan, cyn i mi alw ar yr heddlu."

"Caea dy ben, y bastard tew... "

"Ie, stwffa dy gwrw lan dy din..."

"Ac os yw dy din di hanner gym'int o seis â dy geg di, fe alli di stwffo'r gasgen gyfan lan 'na... "

"Yr holl blydi bragdy."

Bedlam yn y bar wrth i Alwyn a Joe wthio'u ffordd tua'r drws...

17

"Mr Mathews, deud oeddwn i nad yden ni wedi cyfarfod o'r blaen. Ac eto rwy'n teimlo rywsut ein bod ni'n hen ffrindia. Dylanwad y teledu, mae'n debyg."

Estynnodd Alwyn ei law grynedig tuag at law groesawgar y barman. Edrychodd arno fel petai'n gwneud hynny drwy niwlen. Sylwodd fod Roger a Dewi'n edrych arno braidd yn amheus. Teimlodd gadernid cadair y tu ôl iddo ac eisteddodd yn ddiolchgar. Wrth i George gyflenwi'r archeb, canodd cloch y teleffon y tu ôl i'r cownter. Gadawodd George iddi ganu nes iddo orffen llenwi'r gwydrau. Yna trodd i ateb yr alwad. Cydiodd Dewi mewn cadair.

"Gwell i ni i gyd eistedd, mae'n debyg."

Ailymddangosodd George o'r tu ôl i'r cownter gyda'r archeb. Gadawodd yr hambwrdd llawn ar y bwrdd o'u blaen.

"Esgusodwch fi, gyfeillion. Rhyw drafferth fach yn un o'r llofftydd. Mi fydda i'n ôl toc. Ond os fydd angan diod arnoch chi, gwasgwch y gloch ac mi ddaw un o'r merched i ddelio â chi."

"O, George."

Trodd y barman a gweld Alwyn wedi codi o'i gadair.

"Wnaeth neb adael llythyr i fi yn y bar yn gynharach?"

"Naddo, Mr Mathews. Dim byd."

"Wel, rwy'n disgwyl llythyr eitha pwysig. Os daw e, wnewch chi roi gwybod i fi cyn gynted â phosib?"

"Siŵr iawn, Mr Mathews. Siŵr iawn."

Roedd Roger wedi codi o'i stôl uchel wrth y bar i ymuno â'i ddau gydweithiwr o gwmpas y bwrdd. Daeth gwên fach slei i'w wyneb wrth glywed y sgwrs rhwng Alwyn a George.

"Wel, iechyd da. A gobeithio fedra i ddweud yr un peth ymhen wythnos pan fydd y sioe yma drosodd."

Cododd Dewi ei wydr mewn ategiad.

"Fe yfa i i hynna."

Cerddodd Bethan i mewn a chododd Dewi ar unwaith gan estyn cadair iddi yn orfonheddig.

"Bethan. Neis eich gweld chi yn edrych mor ffres. Diod?"

"Diolch. Mi gymera i'r ffisig arferol."

Cododd Dewi a cherdded tua'r cownter lle gwasgodd fotwm y gloch. Daliodd Roger ar y cyfle i wenwyno'r awyrgylch.

"O ddymuno iechyd da, sut mae dy iechyd di erbyn hyn, Alwyn?"

Trodd Bethan yn llawn pryder.

"Beth? Wyt ti wedi bod yn sâl? Pam na faset ti wedi deud wrtha i?"

Gwylltiodd Alwyn. Trawodd ei wydr yn galed yn erbyn wyneb y bwrdd ac anelodd ei eiriau yn sarrug at y ddau arall.

"Beth yw'r lle yma? Gwesty neu blydi ysbyty? Ga i ddweud, unwaith ac am byth, does dim byd yn bod arna i. Ydych chi'n deall? Does dim byd yn bod arna i."

Cododd ar ei draed a gwagu ei wydr gydag un llwnc.

"Rwy'n holliach. Ydych chi'n deall? Yn holliach. Does dim byd o'i le arna i."

Trawodd ei wydr eilwaith ar wyneb y bwrdd a brasgamu allan heibio i Dewi, a oedd yn dychwelyd gyda diod Bethan.

"Wel, wel, pwy ddamsangodd ar ei gorn e?"

Manteisiodd Roger ar gyfle arall, a hynny gyda diniweidrwydd plentyn yn adrodd adnod.

"Dw i ddim yn meddwl ei fod e'n teimlo'n dda."

Syllodd Bethan ar y ddau mewn penbleth.

"Dw inna'n ofni fod rhywbeth o'i le arno hefyd. Gwell imi fynd i weld os fedra i helpu."

Gwthiodd ei diod o'r neilltu. Ond wrth iddi godi, gafaelodd Dewi yn ysgafn yn ei braich.

"Na, Bethan, gadewch lonydd iddo fe. Rhowch amser iddo fe ddod ato'i hunan."

Gafaelodd yn ei gwydr a'i osod yn ei llaw.

"Eisteddwch. Yfwch eich diod. Fe fydd Alwyn yn iawn, gewch chi weld."

Ond dal i edrych braidd yn ddryslyd wnaeth Bethan tra oedd golwg fodlon ar wyneb Roger.

18

Gorweddodd Alwyn ar ei wely a chau ei lygaid. Ond roedd cwsg ymhell. Trodd a gwasgu botwm ar y radio a oedd yn rhan o fwrdd pen y gwely. Allan ohoni llifodd un o ganeuon Mynediad am Ddim. Gwthiodd y geiriau unrhyw obeithion o gwsg ymhellach fyth o'i feddwl.

> *'Rwy'n mynd yn hen, rwy'n mynd yn hen*
> *Mae'r byd yn newid*
> *Wyt ti'n fy nghofio i, ro'n i'n dy garu di*
> *Ond rwy wedi newid...'*

Syllodd Alwyn drwy fwg ei sigarét ar y nenfwd. Rhegodd wrtho'i hun bwy bynnag oedd y bastard wnaeth ddarganfod hiraeth.

> *'... Ond pan ma'r haul ar dân*
> *Mi ganaf gân am y dyddiau cynnar*
> *Mi ganaf gân i ddod â'r amser 'nôl*
> *Mi ganaf gân am ddyddiau roc a rôl...'*

Teimlodd surni yn codi i'w gorn gwddf. Neidiodd o'r gwely, a'i law dros ei geg, a rhuthro i'r stafell ymolchi. Plygodd dros y fowlen a cheisio cyfogi. Ond ddôi dim byd i fyny. Cymylodd ei lygaid wrth iddo geisio gweld ei hun yn y drych o'i flaen. Dyma, chwedl Joe, beth oedd retshus gweigion...

Yn y drych gwelai Joe yn gorwedd ar ei hyd ar y gwely.

Dros y radio clywai rhyw droellwr recordiau gydag acen Americanaidd yn cyhoeddi safleoedd y gwahanol recordiau yn y deg uchaf...

"In Britain, Cliff Richard with his 'Livin' Doll' may still be number one, but over in the good old US of A, there's no shadow of a doubt who is number one. Yes, with his sixth number one in two years, it's the one and only Elvis with Big Hunk o' Love...

> 'Hey, baby, I ain't askin' much of you.
> No no no no no no no no baby,
> I ain't askin' much of you.
> Just a big big a hunk o' love will do...'

> *'... Rwy'n cofio 'blue suede shoes' a 'singing the blues'*
> *Ac Elvis yn frenin*
> *Doedd dim byd yn well 'da fi na gwrando ar Jerry Lee*
> *A ti wrth f'ymyl...'*

"Gwthia dy fys lawr dy wddw, 'rhen Stalwyn. Fe gei di e'n ôl wedyn."

"Be ddiawl 'ti'n feddwl wi'n dreio'i neud? Mae 'mys i jyst iawn â chyrraedd twll 'y nhin i."

Tagu wrth geisio chwydu. Chwydu wrth geisio peidio â chwerthin. A Joe yn ei ddyblau y tu ôl iddo. Yna wyneb y bastard barman yn ymddangos yn y drych.

"Be gythral 'dach chi'n 'wneud fan hyn, y blydi moch! Allan!"

Y barman yn gwthio Joe allan ac yna'n troi ato fe.

"A titha. Allan â ti, a phaid â dod 'nôl."

Dwylo'r barman. George, ie, George, dyna oedd enw'r bastard, yn cydio yn ei war ac yn ceisio'i lusgo allan.

"Gad lonydd i fi, y wancyr diawl... "

Joe yn gweiddi.

"Alwyn, gad y bastard i fod. Dere, cyn daw'r cops. Alwyn..."

"Alwyn... Mr Mathews... Ydach chi'n iawn?"

Syllu drwy ddagrau ymdrech yn y drych a gweld George yn plygu drosto.

"Be? O, George, chi sy yna. Ydw, rwy'n iawn, diolch. Tipyn bach o boen yn y bol. Dim byd mawr."

"Gweld y drws ar agor wnes i a meddwl fod rhywun wedi torri i mewn i'ch stafell chi."

"Diolch, George. Ond mae popeth yn iawn."

Agorodd y tap a throchodd ei ben o dan y dŵr oer. Braidd yn amheus y camodd George allan wysg ei gefn.

"O, wel... Os ydi popeth yn iawn mi af yn ôl at y bar at eich ffrindia. Ydach chi'n dod lawr hefyd?"

"Yn hwyrach ymlaen, falle. Ond rwy'n amau'n fawr. Mae gen i waith paratoi ar gyfer fory."

"Wel, dyna ni. Os nad heno, mi gawn ni ddiferyn bach nos fory, falla. Nos da, rŵan."

"Nos da, George... A diolch. A George... "

"Ia?"

"Fyswn i'n gwerthfawrogi 'taech chi'n cadw hyn yn gyfrinachol. Dw i ddim am i neb boeni amdana i'n ddiangen."

Gwenodd George ac anelodd winc fach slei tuag at Alwyn.

"Popeth yn iawn, Mr Mathews... Alwyn. Dallt yn iawn. Gobeithio y cewch chi noson dda o gwsg."

Gadawodd George braidd yn anfoddog ac ail-orweddodd Alwyn ar y gwely. Roedd y radio'n dal i rwdlan.

"... Ie, un o'm hoff ganeuon i. Cân sy'n dod â'r gorffennol yn fyw. Nid fod pob atgof o'r gorffennol yn un hapus. Fel arfer, rhyw hiraethu wnawn ni, wrth freuddwydio am y dyddiau a fu, am eiliadau na ddônt yn ôl. Ond fe all y Dyniadon gyfleu'r teimlad yn llawer gwell na fi gyda'u cân brudd-felys hyfryd… "

Gorweddodd Alwyn yn ôl a gadael i'w lygaid grwydro ar hyd y crac a redai ar draws y nenfwd.

> 'Dyddiau fu,
> Roedd fy mywyd i heb loes na chur,
> Nawr, ymddengys wedi troi yn sur,
> O, dewch yn ôl â'r dyddiau fu.'

Caeodd ei lygaid a theimlo'i hun yn suddo, suddo i ddyfnderoedd cwmwl meddal, cwmwl o blu cynnes.

> 'Dyddiau fu,
> Doedd 'na ddim byd yn fy mhoeni i,
> Nawr mae cysgod yn fy nghuddio i,
> O, dewch yn ôl â'r dyddiau fu.
> Pam aeth hi i ffwrdd?
> Dwn i ddim, ni ddwedodd air;
> Fe ddwedes rywbeth dwl,
> Hiraeth sy am ddyddiau fu…'

A chyn i nodau hudolus y trwmped lifo o'r set radio i gloi'r gân, roedd Alwyn Mathews yn cysgu.

19

Yn dilyn brecwast yn y lolfa roedd Dewi, Alwyn a Roger wrthi, dros goffi, yn trafod cynnwys adroddiad y noson honno o'r Brifwyl. Nid bod angen rhyw lawer o drafod. I Roger roedd y brif stori yn cynnig ei hun yn hawdd.

"Fe fydd pawb yn disgwyl yr ymateb i'r arbrawf o ddechrau'r Steddfod ar y dydd Sadwrn. Wela i ddim byd syfrdanol yn digwydd rhwng nawr a heno i newid pethau."

"Cytuno, Edwards. Ac erbyn y prynhawn fe gawn ni weld sut aeth yr arbrawf newydd yma."

Arllwysodd Dewi baned ffres o goffi iddo'i hun cyn troi at Alwyn.

"Beth amdanoch chi? Unrhyw fater o bwys wedi codi?"

Cododd hwnnw ei ysgwyddau'n ddi-hid.

"Dim byd o dragwyddol bwys. Ond mae hi'n gynnar eto. Beth bynnag, mae'r eitemau ry'n ni wedi'u paratoi ymlaen llaw yn mynd i lenwi cyfran go dda o'r arlwy."

Gydag amnaid gydsyniol, gwacaodd Dewi ei gwpan.

"Digon gwir. Y portread o'r darpar-Archdderwydd, er enghraifft. Mae'r ffaith mai Trefin fydd yn olynu William Morris yn mynd i fod yn ddiddorol i'r gwylwyr. Mae'n portread ni ohono fe yn golygu y byddwn ni'n achub y blaen ar bawb. Strôc dda fu canfod y stori fach yna cyn iddi gael ei rhyddhau, Mathews."

Pwysodd Alwyn yn ôl yn ei gadair gan adael i'r sylw gael yr effaith ddisgwyliadwy ar Roger.

"Wel, mae nabod y bobol iawn yn help. Er bod y ffaith yn wybyddus bellach, chaiff neb arall y cyfle na'r amser i ffilmio portread mewn dyfnder o Trefin."

Cytunodd Dewi.

"Hollol, Mathews. Sgŵp dda oedd honna. Ond am yr eitemau bara menyn, fe recordiwn ni'r stwff cyffredinol y pnawn 'ma, felly. Wedyn, os daw rhywbeth mawr i'r fei yn sydyn fe fedrwn ni'i gyhoeddi fe'n fyw. Wedi'r cyfan, gan fod yr adnoddau ganddon ni, fe fyse'n beth gwirion i beidio â'u defnyddio nhw."

"Beth am streic HTV? Ydyn ni'n mynd i roi sylw mawr i hynny?"

"Rwy wedi bod yn meddwl llawer am hynny, Mathews. Fel cwmni sy'n cystadlu â nhw, fyddai hi ddim yn beth proffesiynol i ni wneud môr a mynydd o'r peth. Wrth gwrs, fe wnawn ni gynnwys y stori yn y bwletin newyddion."

"Dw i ddim yn cytuno â hynna."

Plygodd Roger dros y bwrdd yn llawn brwdfrydedd.

"Dyma'n cyfle mawr ni i elwa o absenoldeb HTV. Hynny yw, os aiff y streic yn ei blaen. Fe fyddwn i'n medru eu dal nhw ar eu hawr wan. Eu cicio nhw tra'u bo nhw lawr. Does dim lle i sentiment yn y busnes yma."

Anghytunodd Alwyn.

"Na, fe fyddwn i'n dueddol o gydsynio â Dewi. Cyfeirio at yr anghydfod, ie, yn bendant. Ond wedyn gwneud yn siŵr ein bod ni'n camu i'r bwlch ac yn elwa o'u habsenoldeb nhw drwy ddarparu rhaglenni cofiadwy, rhaglenni y bydd y gwylwyr yn siarad amdanyn nhw am amser maith. Dyna'r ffordd orau i ddelio â'r sefyllfa."

Roedd gwên fodlon ar wyneb Dewi wrth iddo werthfawrogi cefnogaeth Alwyn. Ond gwgu wnaeth Roger. Nid cynnig ffordd adeiladol o drafod y stori oedd bwriad Alwyn ond sicrhau pluen arall yn ei het. Fe wyddai'r cynffonnwr diawl sut, a phryd, i lyfu tin.

Wrth sylwi ar wyneb sarrug Roger, gwthiodd Alwyn y gyllell yn ddyfnach. Winciodd yn gyfrinachol ar Dewi.

"A dweud y gwir, rwy ar drywydd stori fach ddigon blasus ar hyn o bryd. Hwyrach y bydd hi gen i cyn i'r rhaglen fynd allan."

Roedd Roger yn glustiau i gyd. Ond cyn iddo fe na Dewi fedru ymateb, cyrhaeddodd Bethan. Ymddangosai braidd yn simsan ac eisteddodd yn swp mewn cadair wrth y bwrdd. Gwenodd Roger.

"Wel, wel, dyw nosau hwyr ddim yn cytuno â rhai, mae'n amlwg."

Cafodd ei gyfarchiad yr effaith fwriadol ar Alwyn. Trodd mewn syndod at Bethan. Ond roedd honno'n rhy brysur yn rhwbio cwsg o'i llygaid i sylwi arno. Cerddodd George i mewn.

"Bethan, be gym'rwch chi? Bacwn ac wy...?"

Bu bron iddi gyfogi.

"O, George... Ydach chi am fy lladd i'n llwyr? Dim ond coffi, os gwelwch chi'n dda. Un du, cryf."

Taflodd George winc awgrymog tuag at Roger.

"Dw i'n synnu dim, ar ôl y sesiwn yna neithiwr. Gyda llaw, mae'n ddrwg gen i orfod eich gwasgu chi i mewn i'r lolfa fan hyn. Ond mae'r gegin a'r stafell fwyta yn cau am naw i'r gwesteion cyffredin. Rhyw feddwl oeddwn i na fydda rhyw frys mawr arnoch chi am frecwast y bora 'ma."

Cafodd hyn ymateb parod gan Dewi. Gwthiodd ei frest allan fel deryn du ar fin canu.

"Ystyriol iawn. Diolch, George. Brecwast ardderchog oedd e hefyd. Diolchwch i'r *chef*."

Gwenodd George yr un mor llydan â Dewi.

"'Rydach chi'n edrych arno fo. Doeddwn i ddim am gadw staff y gegin yn hwyr ar gyfer dim ond pedwar ohonoch chi..."

Torrodd Bethan ar ei draws.

"Tri."

Moesymgrymodd George gydag osgo ffug-ym-ddiheurol.

"Mae'n ddrwg gen i, Bethan. Tri."

Yn llwythog o lestri, winciodd George yn gynllwyngar unwaith eto ar Roger cyn diflannu tua'r gegin. Bu tawelwch anghysurus am rai eiliadau cyn i Dewi besychu'n nerfus.

"Wel, cystal i fi fynd draw am y Maes. A chystal i chi, Mathews, ddod gyda fi, os nad ydych chi'n malio. Dydw i ddim yn rhyw gwbwl hapus â lliw y set. Braidd yn dywyll, rwy'n teimlo. Fe hoffwn i gael eich barn chi."

Cododd Alwyn yn anfoddog. Syllodd yn hir ar Bethan.

"Hwyl. Wela i di wedyn."

Osgôdd hithau ei lygaid gyda llygaid llawn euogrwydd. Y cyfan a fedrodd ei wneud oedd mwmblan un gair.

"Hwyl."

Ni welodd Alwyn, wrth ymadael, y winc slei a anelodd Roger ati. Gwridodd Bethan a chodi'n frysiog gan anelu am y drws. Dechreuodd Roger ei dilyn ond ailym-ddangosodd George yn cario paned o goffi mewn un llaw a llythyr yn y llall. Gosododd y coffi ar y bwrdd ac edrychodd o'i gwmpas.

"Ro'n i'n meddwl fod Mr Mathews yn dal yma."

"Newydd fynd. Ydych chi am i fi ei alw fe'n ôl?"

Syllodd George yn ddryslyd ar yr amlen yn ei law.

"Wel, wn i ddim. Mae rhywun wedi gadael llythyr iddo fo."

Cofiodd Roger yn sydyn am y llythyr pwysig roedd Alwyn yn ei ddisgwyl. Cofiodd am y cyfarfyddiad hwnnw yn y clwb. Beth oedd ei enw hefyd? Ie, Raymond Ashton. Roedd ei frawd yn aelod o un o bwyllgorau'r Steddfod ac wedi addo trosglwyddo ambell i stori fach flasus i Alwyn Mathews. Neidiodd Roger i'r adwy yn frysiog gan gamu tuag at George.

"O, rhowch e i fi. Fe ofala i ei fod e'n 'i gael e."

Trosglwyddodd George y llythyr yn ddiymdroi ac aeth allan. Daeth gwên fach gynllwyngar i lygaid Roger. Gwthiodd y llythyr i'w boced ac anelu am ei stafell.

20

"... A dyna ni, ar ddiwedd y prynhawn cyntaf o gystadlu. Hwyl fawr i chi o Faes y Brifwyl yng Nghaernarfon. Cofiwch droi aton ni yr un pryd nos yfory pan fyddwn ni'n edrych yn ôl ar bigion o ddigwyddiadau tra'n edrych ymlaen at uchafbwyntiau gweddill yr wythnos.

"Wela i chi fory."

Doedd hynny ddim yn wir, wrth gwrs. Y gwylwyr fyddai'n ei weld e. Ond byth er iddo dderbyn llythyr oddi wrth ryw wyliwr bach hunangyfiawn o ochrau Dolgellau yn ei gywiro ar y mater, aethai Alwyn allan o'i ffordd i ddefnyddio'r dywediad fwyfwy. Yr unig ateb i feirniaid oedd codi dau fys priod-ddulliol.

Cyn i'r dyn sain gael cyfle i godi o'i sedd roedd Alwyn wedi datgysylltu'r meic o labed ei gôt. Gadawodd i'r teclyn ddisgyn ar wyneb y ddesg ddarlledu ac ni allai lai na gwenu wrth weld y technegydd yn gwgu. Cwyn arall i'r undeb, siŵr o fod. Naw wfft i'r rheini hefyd, meddyliodd. Roedd yr arferiad o gael dau dechnegydd ar gyfer pob gorchwyl – y naill i wneud y gwaith a'r llall wrth gefn – yn araf ddarfod. Ddim cyn pryd, meddyliodd.

Pwysodd Alwyn yn ôl yn ei gadair a rhwbio'i lygaid. Teimlent fel petai gronynnau mân o dywod o dan ei amrannau. Y goleuadau llachar. Dyna'r felltith fwyaf o orfod gweithio mewn stiwdio.

Gorffwysodd ei ben ar wyneb y ddesg, yn ddall a byddar i'r ddefod o ddatgymalu'r camerâu a diwreiddio'r ceblau o'u socedau. Yna ymsythodd yn ei gadair ac wrth syllu rhwng ei fysedd gwelodd Bethan yn nodi'r gwahanol amserau ar y sgript ffilmio. Pwysodd yn ôl a dylyfodd ên wrth weld Dewi a Roger yn dynesu.

Roedd golwg bles ar wyneb Dewi. Ond, yn ôl ei arfer wedi sesiwn o ffilmio, cymerodd arno fod yn anfodlon wrth ddifrïo'r rhaglen a oedd bellach yn y can.

"Wel, dyna ni. Os na wnaiff y deugain munud yna ddim byd arall, fe wnân nhw o leia fyrhau'r haf i ni."

Byddai difrïo bwriadol o ffurf a chynnwys un o'i raglenni ei hun yn denu amddiffyniad fel arfer. A dyna a ddisgwyliai'r tro hwn. Ond fe'i siomwyd gan ymateb Alwyn.

"Digon gwir. Tenau iawn oedd hi, mae'n rhaid cyfadde."

Cloffodd Dewi.

"Ie, mae'n debyg. Ond dyna fe, fedrwn ni ddim creu gwyrthiau. Yma i adlewyrchu'r sefyllfa ydyn ni yn hytrach na chreu newyddion. Fedrwn ni ddim gwneud mwy na gwisgo'r hyn sydd gyda ni yn y dillad gorau posib. Beth bynnag, nid eich bai chi yw cynnwys y rhaglen, Mathews. Fe ellwch chi fynd nawr."

Wrth i Alwyn gasglu ei sgript a'i nodiadau a'u gosod yn ei fag trodd Dewi at Roger a'i ryddhau yntau am y dydd. Ond rhyw droi yn ei unfan wnâi hwnnw.

"Na, fe wna i aros am ychydig. Hwyrach y daw rhywbeth i'r fei ar yr unfed awr ar ddeg."

Cyfeiriodd Alwyn ei gamau tua'r drws tra trodd Dewi am y cwt cyfarwyddo yn un o'r faniau darlledu allanol. Gwenodd Roger wrtho'i hun wrth iddo fodio'r nodyn a oedd ynghudd ym mhoced ei gôt.

21

Fe gymerodd gryn ugain munud i Alwyn gyrraedd ei gar ym maes parcio'r wasg a'r cyfryngau. Er mai tenau iawn oedd nifer yr eisteddfodwyr, cawsai ei atal dro ar ôl tro gan wylwyr yn mynnu gair, a phlant yn gwthio darn o bapur neu lyfr nodiadau o dan ei drwyn wrth ofyn am lofnod. Fel petai hynny ddim yn ddigon, mynnodd rhyw stiward Hitleraidd fod Alwyn yn torri'r rheolau drwy yrru allan drwy'r bwlch a oedd, mewn gwirionedd, yn fynedfa. Cymerodd gryn bum munud o fygwth, ac yna o wenieithu, cyn llwyddo i berswadio hwnnw i faddau iddo am y tro. Gorffwysodd ei dalcen ar oerni'r ffenestr cyn aildanio'r injan a gwthio trwyn y car yn grwbanaidd tua'r ffordd fawr.

Aeth hanner awr heibio cyn iddo lwyddo i barcio'i gar yng nghefn y Regal. Yn y lolfa bu'n rhaid iddo ddisgwyl yn ddiamynedd am ddiod tra oedd George yn ceisio ymresymu â rhyw bwysigyn o'r Pwyllgor Lléty a Chroeso a oedd yn chwilio am stafell i un o Feiri cymoedd y De a oedd newydd gyrraedd yn ddirybudd mewn Bentley arfbeisiog, gyda shôffyr lifredig yn sefyll wrth ei ymyl fel un o filwyr gwyliadwrus yr FWA.

Ar ôl hir ymresymu llwyddodd George o'r diwedd i gael gwared o'r swyddog a buan y drachtiai Alwyn yn ddwfn a diolchgar o'i beint o lagyr oer. Roedd hi braidd yn fuan i hitio'r diodydd poethion.

O'i ôl clywodd Alwyn rhyw gyhoeddwr neu'i gilydd yn cloi rhaglen deledu. Dilynwyd hyn gan fiwsig agoriadol ei raglen ei hun a throdd am eiliad i edrych ar y set deledu yn y gornel. Nid ei fod yn arfer gwylio'i raglenni ei hun.

Beth oedd pwynt gwylio rhaglen y gwyddai beth oedd ei chynnwys o'r dechrau i'r diwedd, beth bynnag? Ond fe aeth brwdfrydedd George yn drech nag ef.

"Dyma ni, Mr Mathews. Eich rhaglen chi. Mi ga i weld rŵan pa berlau sydd gynnoch chi ar ein cyfar ni, y werin gyffredin ffraeth."

Meddyliodd Alwyn am yr hen adnod honno oedd yn sôn am berlau ac am foch. Ond brathodd ei dafod.

"Chewch chi fawr o berlau, mae arna i ofn, George. Rwy'n rhyw ofni y bydd y rhaglen heno yn gwneud i'r *Epilogue* ymddangos fel *It's a Knockout.*"

Wrth i'r teitlau ddiflannu gallai Alwyn gofio, air am air, ei gyflwyniad. "Croeso i'n rhaglen gyntaf o Ŵyl Fawr y Cofis wrth i ni gymryd cipolwg yn ôl ar ddigwyddiadau'r dydd."

Cymerodd ddracht dwfn arall o'i lagyr ac yna bu bron iddo boeri'r cyfan allan. Nid ei wyneb ef a ymddangosodd ar y sgrîn. Nid ei eiriau ef a groesawai'r gwylwyr. Yn hytrach gwelodd wyneb coeglyd Roger yn gwenu'n ffug-groesawgar, a geiriau Roger yn merwino'i glustiau. Trodd yn ddryslyd at George.

"Be ddiawl sy'n digwydd...?"

Fe'i hatebwyd gan eiriau Roger.

"Fe agorwn ni'n bwletin heno gyda newyddion diddorol iawn, newyddion sydd newydd ein cyrraedd ac sy'n egsgliwsif i ni. Rwy newydd dderbyn gwybodaeth fod anghydfod wedi codi ynglŷn â'r Coroni ddydd Mawrth..." Bytheiriodd Alwyn a tharo'r cownter â'i ddwrn. "Y bastard bach dan-din!"

Ymlaen yr aeth Roger gan fethu cuddio'r boddhad yn ei lais. Cymerodd saib bach er mwyn dyfnhau'r tyndra.

"Yn ystod yr awr ddiwethaf bu i mi dderbyn gwybodaeth gyfrinachol nad y dilyniant gorau o gerddi yng ngolwg y beirniaid fydd yn cael ei wobrwyo ddydd Mawrth. Ymddengys bod y cerddi buddugol yn mynd i gael eu diystyru am i un o reolau sefydlog y gystadleuaeth gael ei thorri. Fedra i ddim datgelu mwy ar hyn o bryd."

Cododd Alwyn, a'i wyneb yn welw gan syndod a dicter, a syllodd yn fygythiol ar George.

"Ddaeth yna neges o unrhyw fath i fi bore yma?"

Crafodd y barman ei ben yn ddryslyd am ychydig. Yna goleuodd ei lygaid.

"Wel do. Dw i'n cofio rŵan. Mi ddylswn i fod wedi deud wrthoch chi. Mi wnaeth rhywun ada'l llythyr i chi."

"Ble mae e?"

"Wel, roeddech chi newydd ada'l. Mi gym'rodd Roger o a deud y basa fo'n ei roid o i chi."

Gafaelodd Alwyn yn y bar. Ceisiodd ei atal ei hun rhag crynu.

"Mae'n ddrwg gen i, Mr Mathews, os gwnes i'r peth anghywir. Ond fo ddeudodd y basa fo'n..."

Gosododd Alwyn ei law ar ysgwydd George a thynnu anadl ddofn. Trodd a syllodd eto ar y sgrîn.

"Nid eich bai chi, George. Doeddech chi ddim i wybod."

Wrth i fwy o eiriau Roger lenwi ei glyw, ceisiodd eu cau allan. Ond methiant fu hynny. Treiddiodd y geiriau rhwng y bysedd a wasgai dros ei glustiau.

"...Doedd neb o'r Pwyllgor Llên, nac ychwaith unrhyw aelod o Gyngor yr Eisteddfod yn fodlon gwneud unrhyw sylw ar y mater. Ond ni wnaeth neb wadu'r honiad chwaith."

"Ac yn awr, draw at Alwyn Mathews am weddill pigion y dydd..."

Gwagodd Alwyn ei wydr a'i daro'n glep yn erbyn

wyneb y bar wrth i'w eiriau ei hun y tro hwn lenwi ei glustiau. Geiriau gwag, geiriau ystrydebol o'u cymharu â'r stori flaenorol.

"Ymateb cymysg gafodd yr arbrawf o ddechrau'r Eisteddfod ar y dydd Sadwrn. Er mai dim ond ychydig dros bum mil a ddaeth yma drwy'r clwydi, mae'r swyddogion yn fodlon i'r arbrawf fod yn llwyddiant."

Ceisiodd George ysgafnu'r awyrgylch.

"Da iawn, Mr Mathews, mae gynnoch chi ffordd gartrefol iawn o gyflwyno."

Trodd ei olygon oddi ar y set tuag at Alwyn. Ond roedd hwnnw wedi diflannu o'r lolfa.

22

Os y bu i'r daith o'r maes i'r gwesty bara hanner awr, llwyddodd Alwyn i yrru'n ôl mewn pum munud. Roedd hi'n wir fod y drafnidiaeth ar y ffordd yn ôl yn ysgafnach, ond cwtogwyd ar yr amser yn sylweddol hefyd gan gyflymdra Jehuaidd y gyrrwr.

Gan anwybyddu'r swyddog Hitleraidd a geisiodd, y tro hwn, ei atal rhag cael mynediad drwy'r allanfa, parciodd mor agos i adwy'r maes ag y medrai. Heb hyd yn oed drafferthu i gloi drws ei gar, rhuthrodd tua'r stiwdio.

Wrth iddo gamu i mewn o'r goleuni i'r tywyllwch, sylwodd neb ar ei bresenoldeb. Ar wahanol fonitorau yn y stiwdio roedd y bwletin eisteddfodol yn tynnu at ei derfyn. O flaen un o'r monitorau eisteddai Dewi a Roger, y ddau'n gwrando ar eiriau Alwyn yn cloi'r rhaglen.

"A dyna ni, ar ddiwedd y prynhawn cyntaf o gystadlu.

Hwyl fawr i chi o Faes y Brifwyl yng Nghaernarfon. Cofiwch droi aton ni yr un pryd nos yfory pan fyddwn ni'n edrych yn ôl ar bigion o ddigwyddiadau tra'n edrych ymlaen at uchafbwyntiau gweddill yr wythnos.

"Wela i chi fory."

Doedd y naill wyliwr na'r llall wedi sylwi ar bresenoldeb Alwyn yn y drws. Felly, yn fwriadol, oedodd yno i wylio a gwrando. Gwelodd Dewi yn codi a diffodd y monitor cyn troi'n ôl at Roger.

"Wel, Edwards, fe achubodd yr eitem agoriadol yna ni. Stori dda, diolch i chi."

Ceisiodd Roger ei orau i fod yn wylaidd. Ac i Roger roedd gwyleidd-dra yn rhywbeth mor brin â chynildeb mewn araith gŵr gwadd.

"Dim ond jobyn o waith, Dewi. Do, fe wnaeth hi eitem fach ddigon derbyniol. Fe ddylai ennyn rhyw fath o ymateb."

Newidiodd Dewi ei bwysau o'i sodlau i flaenau ei draed gan ailadrodd yr ymarferiad dro ar ôl tro cyn ymateb, arwydd sicr fod ganddo rai amheuon.

"Dw i ddim yn meddwl y bydd swyddogion y Steddfod yn rhyw bles iawn fod ganddyn nhw wahadden o fewn y gwersyll. Ond dyna fe, rwy'n gredwr mawr yn yr hen ddywediad hwnnw fod pob cyhoeddusrwydd yn gyhoeddusrwydd da. O fewn rheswm, wrth gwrs."

"Cytuno'n llwyr."

Ameniodd Roger yn frwdfrydig.

"Cofiwch, awn i ddim mor bell ag ychwanegu na ddylai'r gwir ddifetha stori dda. Rwy'n ymwybodol, wrth gwrs, fod ganddoch chi ffrindiau da o fewn Cyngor y Brifwyl. Ond r'yn ni'n bobol broffesiynol, Dewi, a phan fo stori'n torri mae hi'n ddyletswydd arnon ni i'w datgelu hi."

Siriolodd Dewi. Roedd Roger yn iawn, wrth gwrs. Ond wrth iddo edrych dros ei ysgwydd, trodd y wên fach foddhaus yn guwch o ddryswch wrth iddo weld rhywun yn sefyll yn y drws. Yna, wrth sylweddoli mai Alwyn oedd yno, adfeddiannodd ei siriioldeb.

"Mathews! Chi sy yna. O'wn i ddim yn eich disgwyl chi'n ôl. Strôc go dda heno, ond oedd hi?"

Anwybyddodd Alwyn ef yn llwyr. Gwthiodd Dewi i'r naill ochr wrth iddo gyfeirio'i gamau tuag at Roger. Syllodd i fyw ei lygaid a gwthio'i fys cyhuddol i wyneb ei gydweithiwr.

"Reit. 'Ti wedi mynd yn rhy bell y tro hwn, gwd boi ..."

Mabwysiadodd Roger ei wyneb mwyaf diniwed gan gymryd cam yn ôl. Cododd ei ddwylo mewn osgo o ddryswch.

"Hei, gan bwyll, nawr. Dw i ddim yn gwybod am be wyt ti'n rwdlan. Be dw i wedi 'wneud nawr? Os mai cyfeirio at Bethan wyt ti…?"

Gafaelodd Alwyn yn nhei Roger a'i dynnu tuag ato nes oedd y ddau drwyn wrth drwyn. Rhythodd i fyw llygaid ei wrthwynebydd, ei wyneb yn welw tra oedd wyneb Roger yn araf wrido wrth i'w dei dynhau o gwmpas ei wddf. Poerodd Alwyn ei eiriau allan yn isel ac yn araf.

"Paid â cheisio chwarae rhan y bachgen bach diniwed. Dyw e ddim yn dy siwtio di. A gad Bethan allan o hyn. Diawl bach slei fuest ti erioed. Blydi sarff."

Gydol y ffrwgwd roedd Dewi wedi sefyll o'r neilltu ond yn gwrando ar bob gair yn syfrdan. Teimlodd ei bod hi'n bryd iddo ymyrryd a cheisiodd wthio'i hun rhwng y ddau.

"Mathews, er mwyn popeth, pwyllwch. Be sy wedi'ch meddiannu chi, dwedwch?"

Unwaith eto anwybyddwyd ef yn llwyr gan Alwyn.

Rhoddodd hwb sydyn i Roger a gollyngodd ei afael ar ei dei wrth wneud hynny nes i'w elyn ddisgyn wysg ei gefn ar draws y ddesg. Trodd Alwyn at Dewi.

"Gofynnwch i hwn, eich bachgen bach llygatlas. Gofynnwch iddo fe ble gafodd e ei stori."

Trodd Dewi at Roger, a oedd yn anadlu'n ddwfn tra'n araf adfeddiannu ei feddyliau, am esboniad.

"Wel, Edwards, oes ganddoch chi unrhyw eglurhad am hyn? Dewch, rwy'n disgwyl am ateb."

Ymsythodd Roger ac ailosododd ei dei yn ddestlus ar ei frest. Roedd yr hen hunanhyder yn ôl yn ei lygaid.

"Rwy wedi rhoi fy ngair y gwna i gadw'r ffynhonnell yn gyfrinachol. Mae hi'n rheol anysgrifenedig nad oes raid i unrhyw un ddatgelu enwau."

Cytunodd Dewi.

"Cwbl ddealladwy a chymeradwy. Rwy'n derbyn hynna. Does dim angen i chi enwi'ch ffynhonnell. Cyn belled ag y bo'r ffynhonnell yn un ddibynadwy."

"Ffynhonnell?" Ffrwydrodd Alwyn unwaith eto. "Fe ddweda i wrthoch chi ble cafodd e ei stori. Ei dwyn hi oddi arna i. Dyna be wnaeth y lleidr bach slei."

Bu tawelwch am ysbaid wrth i'r cyhuddiad hofran yn yr awyr. Torrodd Dewi ar draws y tawelwch.

"Mae hynna'n gyhuddiad difrifol, Mathews. Gobeithio fod ganddoch chi sail gadarn i'ch honiad."

Wrth i Alwyn a Roger ddal i rythu ar ei gilydd, cerddodd Dewi o gwmpas y ddau cyn saethu bys yn ddramatig tuag at Roger.

"Edwards, beth am y cyhuddiad yma yn eich erbyn chi. Ydi e'n wir? Atebwch nawr."

Newidiodd agwedd Roger yn llwyr. Trodd y diniweid-rwydd arwynebol yn wylltineb. Roedd y cyhuddiad, yn amlwg, wedi taro nerf.

"Does dim mymryn o wir yn y peth. Ceisio cuddio'i fethiant ei hun mae e. Cuddio'i fethiant ei hun i gael hyd i straeon gwerth chweil. Mae e wedi 'nghyhuddo i droeon o geisio dwyn 'i gariad e. Nawr mae e'n fy nghyhuddo i o ddwyn 'i stori fe. Be nesa? Dwyn 'i waled e? Mae e'n gwallgofi."

Y tro hwn methodd Alwyn ddal yn ôl. Taflodd ergyd fach fer, sydyn. Disgynnodd ei ddwrn yn ddestlus ar drwyn Roger. Gwichiodd hwnnw fel mochyn mewn lladd-dy wrth iddo ddisgyn yn swp, a'i ddwylo dros ei drwyn a gwaed yn treiglo rhwng ei fysedd. Plygodd Alwyn uwch ei ben.

"Be wnest ti â'r llythyr roddodd George i ti i'w roi i fi?"

Cododd Roger ar ei bennau gliniau gan syllu ar y gwaed oedd ar ei ddwylo. Roedd dagrau o boen yn ei lygaid. Prin y medrai ateb.

"Fe adewais i fe ar dy ddesg di fan'na."

"Celwydd. Fe wnest ti ei agor e a defnyddio'r wybodaeth er dy les dy hunan. I fi oedd y llythyr 'na i fod. Fy ffynhonnell i wnaeth ei adael e yn y Regal."

Roedd Dewi wedi dioddef gormod o sioc i ymyrryd wedi'r ergyd a sigodd drwyn Roger. Ond yn araf llwyddodd i ad-drefnu ei feddyliau.

"Mathews. Edwards. Dw i ddim wedi gweld y fath ymddygiad mewn deugain mlynedd o weithio ar y cyfryngau. Fe ddylai'r ddau ohonoch chi gywilyddio. Chi, Mathews, yn arbennig."

"Gan bwyll, Dewi. Gadewch iddo fe esbonio'r cyfan. Os gwnaeth e adael y llythyr ar y ddesg, ble mae e nawr?"

Trodd Dewi at Roger am ateb. Roedd hwnnw erbyn hyn wedi tynnu ei facyn o'i boced ac yn ceisio atal llifeiriant y gwaed o'i drwyn.

"Does gen i ddim syniad. Ro'wn i'n meddwl dy fod ti wedi'i weld e."

Eisteddodd Alwyn ar ymyl y ddesg. Roedd y storm drosodd ond doedd ei lais na'i gyhuddiadau ddim wedi meddalu dim.

"Welais i'r un llythyr. Ond mae gen i syniad go dda be ddigwyddodd iddo fe. Ti wnaeth ei ddwyn e a defnyddio'r cynnwys."

Trodd at Roger yn herfeiddiol. Camodd hwnnw yn ôl gan feddwl fod ergyd arall ar ei ffordd. Cododd ei ddwylo at ei wyneb yn amddiffynnol. Camodd Dewi rhyngddynt yn llwyddiannus y tro hwn, yn llwyddiannus am na wnaeth Alwyn yr un osgo i'w atal.

"Dyna ni, rwy wedi clywed digon. Mathews, mae hynna'n gyhuddiad difrifol. Ond fe wna i roi cyfle i chi ailfeddwl. Cymerwch heno i feddwl dros eich ymddygiad gwarthus. Mae cyhuddo cydweithiwr yn ddigon drwg. Mae taro cydweithiwr yn rhywbeth anfaddeuol. Yn y cyfamser rwy'n eich gwahardd chi o'ch gwaith."

Trodd Dewi at Roger, a oedd yn dal i anwesu'i drwyn brau â'i facyn.

"Dewch, Edwards. Fe awn ni'n ôl i'r gwesty."

Wedi i'r ddau adael pwysodd Alwyn ei ben yn ei ddwylo. Y blydi tymer yna eto. Pryd gwnâi e ddysgu? Rhegodd, melltithiodd ei hun am ddisgyn mor barod i'r trap a osodwyd mor gyfrwys gan Roger.

Aeth cryn chwarter awr heibio cyn iddo roi'r gorau i hel meddyliau a dechrau casglu ei eiddo o'r droriau. Gwthiodd y dogfennau a'r mân bapurau i'w fag. Yn olaf, cydiodd yn ei ffeil a dechrau bodio trwyddi. Yna fe'i gosododd yn ei fag llaw. Cododd a syllu o'i gwmpas cyn troi am y drws.

Teimlai i hwn fod yn un o ddyddiau gwaethaf ei fywyd. Diwrnod a oedd wedi cychwyn yn drychinebus ac wedi mynd yn waeth. Ac roedd gwaeth eto i ddod.

"Alwyn, y blydi Jiwdas diawl! 'Ti wedi 'ngadal i yn y cachu'r tro hwn."

Adnabu'r llais cyn iddo droi. Edwin Ashton. Safodd a gadawodd iddo gyrraedd ato.

"Fel hyn fyddi di'n talu'n ôl am gymwynas gan hen ffrind, ia? Gollwng y stori cyn pryd. Diolch i Dduw nad oes neb yn amau mai fi wnaeth dorri'r gyfrinach neu fydda 'nhraed i ddim ar gyfyl Sir Gaernarfon."

Syllodd Alwyn i fyw ei lygaid, rhywbeth a wnaeth i Edwin dawelu rhyw ychydig.

"Edwin, wnes i ddim dy fradychu di. Mae'n rhaid i ti gredu hynna."

"Ond mi wnes i bwysleisio ar waelod y llythyr am i ti gadw'r stori tan nos Lun."

"Ches i ddim o dy lythyr di."

Ysgydwodd Edwin ei ben mewn anghrediniaeth a gwenodd.

"Ty'd rŵan, Alwyn. Dwyt ti erioed yn disgwyl i mi gredu hynny. Mi gafodd hi'r prif sylw ar dop dy raglan di."

"Ar fywyd fy mhlant, Edwin. Ddaeth dy lythyr di ddim i 'nwylo i. Fe gipiodd y bastard Roger Edwards e cyn i fi gael cyfle hyd yn oed i agor yr amlen."

Pwysodd Edwin yn erbyn pabell docynnau a meddyliodd yn ddwfn.

"Mi wnes i ryw ama fod rwbath o'i le pan welis i mai Roger wnaeth gyhoeddi'r stori. Ond dwyt ti erioed yn deud iddo ddwyn y llythyr? Diolch i Dduw nad oedd fy enw i ar y gwaelod."

Daeth rhyw oleuni i lygaid Edwin wrth iddo gofio'n ôl.

"Dw i'n dechra dallt petha rŵan. Mi wnaeth Raymond, fy mrawd bach, gyfarfod Roger yng Nghlwb Teledu Gwalia y noson o'r blaen. Ac mi wnaeth o gyfadde wrtha i iddo agor ei geg yn ormodol wrtho fo. Ac mi wnaeth Roger ei hun fy ffonio i ofyn a oedd hi'n wir fod beirniaid y Goron yn gwrthod y gerdd orau. Ond mi ddeudis i nad oedd unrhyw sail i'r stori."

"Fe wnaeth y diawl ddisgwyl 'i gyfle a dwyn y stori. Ac yn bwysicach fyth iddo fe, dwyn y clod."

Ymsythodd Edwin a gosododd ei law ar ysgwydd Alwyn fel arwydd o gydymdeimlad. Yna myfyriodd am ychydig eiliadau.

"Bastard oedd o yn y coleg. Ond wnes i erioed feddwl y basa fo'n disgyn mor isel. Ond beth am chwara ei gêm o?"

Syllodd Alwyn arno mewn dryswch.

"Dw i ddim yn dy ddeall di?"

"Oes yna deipiadur o fewn cyrraedd?"

"Mae 'na un i mewn yn fy swyddfa i… fy nghyn-swyddfa i… fan hyn."

"Beth? 'Ti erioed wedi ymddiswyddo?"

"Rhyw gymysgedd o ymddiswyddo a chael fy ni-swyddo. Beth bynnag, dere mewn fan hyn. Ond pam wyt ti am ddefnyddio teipiadur?"

Gwenodd Edwin wrth i'r ddau fynd i mewn i'r swyddfa wag. Cymerodd ddalen ffwlscap o wyneb y ddesg a'i gosod yn y teipiadur. Bu wrthi'n myfyrio am bum munud cyn dechrau teipio, tra syllai Alwyn yn ddryslyd ar y geiriau a oedd yn ymddangos ar y papur. Tynnodd Edwin y llythyr allan a'i ailddarllen.

"Oes gen ti amlen?"

Tynnodd Alwyn amlen allan o'r drôr. Gosododd Edwin hi yn y teipiadur a theipiodd enw Alwyn Mathews arni cyn gosod y llythyr o'i mewn a gludio'r tafod. Trosglwyddodd y cyfan i Alwyn.

"Dyna ti. Gofala ada'l hwn yn rhywle lle bydd Mr Roger Edwards yn siŵr o'i weld o. Mae'r trap wedi'i osod. Rŵan, beth am beint? Neu ddau, hwyrach."

Chwarddodd Alwyn yn uchel wrth ddilyn Edwin allan o'r swyddfa.

"Fe fyddai tri yn well fyth."

Rhan 3

Y Gwir yn erbyn y Byd

I

WRTH IDDO DDIHUNO fe gymerodd gryn funud i Alwyn cyn iddo sylweddoli ei fod yn ôl yn ei wely yn y gwesty. Cododd ei arddwrn chwith. Ond drwy'r niwl a hofranai o flaen ei lygaid ymddangosai fod i'w watsh bedwar bys, a'r rheini'n ymdoddi i'w gilydd.

Gadawodd i'w law ddisgyn yn ôl yn llipa ar y garthen. Beth oedd yr ots faint oedd hi o'r gloch? Cofiodd nad oedd unrhyw frys arno i godi i'w waith. Doedd ganddo ddim gwaith i godi ar ei gyfer.

Ceisiodd olrhain digwyddiadau'r noson cynt. Roedd y sesiwn gydag Edwin yn y Clwb Rygbi wedi bod yn un i'w chofio. Rhyfedd, meddyliodd, sut oedd cymaint o nosweithiau a gâi eu disgrifio fel nosweithiau i'w cofio yn achlysuron mor anodd i'w cofio o gwbwl. Ond fe fedrai gofio digon i wybod i hon fod yn noson dda. Neb yno yn ei wawdio am ei fod yn wyneb cyhoeddus. Neb, ar y llaw arall, yn ceisio bod yn nawddoglyd.

Cofiai fynd 'nôl i gartre Edwin tua hanner nos mewn tacsi. Ac er gwaetha'r ffaith iddi fod mor hwyr roedd Gloria, gwraig Edwin, wedi mynnu codi i baratoi brechdanau a choffi. Roedd ganddo frith gof o Edwin yn agor potel lawn o Jameson. Cofiai hefyd i Edwin fynd ag e i un o'r llofftydd i weld y plant – efeilliaid dwyflwydd oed – dau geriwb yn cysgu'n drwm ynghlwm yn ei gilydd mewn cynhesrwydd a diniweidrwydd. Alun ac Elen. Gallai, fe allai gofio'u henwau. Doedd e ddim wedi bod mor feddw â hynny, felly.

Yn awr, yn myfyrio ar ei wely, ni theimlai lai nag eiddigedd tuag at Edwin. Roedd ganddo deulu a oedd yn dal yn gyfan ac yn ymddangosiadol hapus. Mwy na allai ei ddweud am sefyllfa ei deulu'i hun.

Ceisiodd gofio mwy am y noson. Ond ni fedrai. Doedd ganddo ddim syniad sut y daeth yn ôl i'r gwesty. Ond yn amlwg, roedd e wedi llwyddo. Syllodd o'i gwmpas yn y llwydolau. Roedd y llenni'n dal heb eu cau a gwelai ei ddillad yn dwmpathau aflêr yma ac acw fel cacennau dom da ar gae pori. Un o ddywediadau Joe oedd hwnna. Gwenodd wrth gofio.

Wrth i'w gyneddfau ddadebru dechreuodd deimlo'r boen yn ei ben, poen a groesai ar draws ei ymennydd y tu ôl i'w lygaid. Mae 'na blydi nafi yn agor pwll glo yn 'y mhen i, meddyliodd. Ac er gwaetha'r boen, gwenodd eto. Ie, un arall o ddywediadau Joe.

Gorweddodd yn ôl ac ildiodd ei hun i freichiau blinder.

Yna neidiodd ar ei eistedd. Camodd yn simsan o'i wely a chwiliodd am ei gôt. Fe'i canfu o dan y basin ymolchi. Gwthiodd ei law i'r boced fewnol. Na, doedd y llythyr ddim yno. Tynnodd anadl o ryddhad. Roedd e, felly, wedi cofio gadael yr amlen, wedi'i chyfeirio ato fe ei hun, ar ddesg y dderbynfa. Yna cafodd bwl o banic. Beth os oedd e wedi colli'r llythyr?

Ymlaciodd a cherddodd yn ôl at ei wely. Beth bynnag oedd y gwir, roedd hi'n rhy hwyr i wneud unrhyw beth yn ei gylch. Eisteddodd ar yr erchwyn a gadawodd i'w gorff ddisgyn yn llipa ar draws y gwely. Ac er gwaetha'r ansicrwydd a'r poen yn ei ben, fe gysgodd.

2

Wrth y bwrdd brecwast, a Roger wrthi'n sipian ei ail baned o goffi, doedd dim golwg o Dewi na Bethan. Agorodd ei gopi o'r *Observer* a gwelodd lun o'r Fam Frenhines a oedd yn dathlu ei phen blwydd yn 79 mlwydd oed y diwrnod cynt. Yna trodd i'r dudalen gefn. Roedd Morgannwg yn 175 am 6 yn erbyn Swydd Hants. Beth oedd yn newydd? Y tebygolrwydd oedd y byddai'r hen Fam Frenhines yn cyrraedd ei chant cyn y byddai un o fatwyr Morgannwg yn llwyddo i gyrraedd y fath sgôr.

Aeth ymlaen i ddarllen am benderfyniad clwb pêl-droed Dinas Stoke i godi ffens wyth troedfedd o uchder o gwmpas y llain. Y cyfan er mwyn cadw hwliganiaid meddw rhag rhuthro ar y cae pan fyddai'r tîm cartre yn croesawu NEC Nijmegen ddiwedd yr wythnos. Syniad da fyddai gwneud yr un peth yn yr Eisteddfod, meddyliodd, ffens i gadw'r moch o'r winllan.

Syllodd allan ar drafnidiaeth y bore. Roedd Ffordd Bangor eisoes yn brysur. Ac er gwaethaf diflastod y newyddion yn y papur, teimlai Roger yn bles. Plygodd y papur newydd a'i osod o'r neilltu. Yna gwenodd wrth fyseddu'r darn papur oedd yn ei boced. Roedd pethau ar i fyny ac ni fedrai guddio'i hapusrwydd. Ac wrth i George gyrraedd gyda rownd ychwanegol o dost ni fedrai Roger lai na rhannu'i hapusrwydd gyda hwnnw.

"George, bore da. Ac mae hi'n fore hyfryd."

Syllodd hwnnw'n ddryslyd. Nid dyma agwedd y rhelyw o westeiwyr ar ôl bod yn yfed tan oriau mân y bore. Ddim yn unig hynny, ond roedd ganddo ryw deimlad nad yn ei stafell ei hun yr oedd Roger wedi treulio'r noson. Ond dyna fo, pobl od ar y naw oedd pobl y teledu. Syllodd eto ar y wên ar wyneb Roger. Roedd hi'n felysach na'r mêl oedd ymhlith y *sachets* jam ar y bwrdd.

"Mae'n braf gweld rhywun hapus yr adeg yma o'r bore. Ydach chi wedi ennill ar y pylla pêl-droed?"

"Naddo, George. Ond bron cystal. Newyddion da. Fel y dywedodd yr emynydd hwnnw, pwy bynnag oedd e, 'Newyddion braf a ddaeth i'm bro'."

"John Dafydd."

"Beth? Pwy?"

"John Dafydd o Gaio. Fo wnaeth sgwennu'r emyn."

Chwarddodd Roger yn hir ac yn uchel er mawr syndod i George.

"Be ddeudes i oedd mor ddoniol?"

Sychodd Roger ei wyneb â napcyn papur. Yna difrifolodd.

"Mae'n ddrwg gen i, George. R'ych chi'n llawn o ddoniau annisgwyl. Wnes i ddim o'ch ystyried chi fel rhywun hyddysg yn ei emynau."

Gwenodd George ac ymsythodd.

"Rydach chi'n edrych ar rywun sy'n ddiacon, Roger. Wedi bod bellach ers deng mlynadd. Dw i'n hynod ffond o'r hen emyna. Ond rydach chi'n dal heb esbonio'r holl lawenydd. Rhywun wedi gada'l ewyllys i chi? Nain wedi marw a gada'l y fuwch odro ora i chi?"

Chwarddodd George ac ymunodd Roger yn y miri er mor dila oedd y jôc.

"Naddo, George. Ond unwaith eto, bron cystal. Ond mae'n wir dweud i fi daro'r jacpot, mewn un ffordd o siarad."

Gwenodd George yn llydan wrth weld Roger yn llwytho dwy lwyaid o siwgr brown i'w goffi a'i droi cyn ei godi'n seremonïol at ei wefusau. Roedd hi'n amlwg fod rhywbeth wedi'i blesio'n fawr. Mor wahanol i hwyliau Alwyn Mathews. Yna cofiodd am ymddygiad Alwyn wrth i hwnnw wylio'r rhaglen deledu y noson cynt.

"Gyda llaw, roedd Mr Mathews mewn hwyliau drwg iawn neithiwr. Roedd o'n poeni am y llythyr wnes i ei roid i chi i'w roid iddo fo."

Cododd Roger ei gwpan a gwenodd. Roedd hi'n amlwg na wyddai George ddim byd am fodolaeth ail lythyr a oedd wedi'i gyfeirio at Alwyn ac wedi'i adael yn y dderbynfa. Llongyfarchodd Roger ei hun am ei lwc.

"Peidiwch â phoeni. Mae hynna yn rhan o hanes bellach. Iechyd da, George. Da y bo'ch a dibechod."

Ciliodd hwnnw yn ôl i'r gegin gan fethu dirnad pa mor rhyfedd y gallai rhai pobl fod. Ond gallai ddychmygu pa jacpot oedd Roger wedi'i daro. Roedd y jacpot ar ffurf merch, a honno yn dal yn ei gwely.

Ond am unwaith doedd yr hen George ond wedi cael hyd i hanner y gwir.

3

Dihunodd Alwyn Mathews i sŵn curo – nid curiadau yn ei ben y tro hwn ond yn hytrach ar ddrws ei stafell. George, hwyrach, meddyliodd. George wedi gweld y llythyr ar ddesg y dderbynfa ac wedi penderfynu ei drosglwyddo iddo'n bersonol. Damio, gobeithiai nad hynny oedd yr achos.

Cyn iddo gyrraedd y drws clywodd fwy o guro, a hwnnw'n curo trymach.

"Iawn, rwy'n dod."

Agorodd y drws ac yno'n ei wynebu safai Bethan. Sylwodd Alwyn ar unwaith mai'r peth olaf ar ei hwyneb oedd croeso.

"O, ti sy 'na. Dere mewn."

Camodd Bethan i'r stafell a chaeodd y drws yn ysgafn o'i hôl. Yna camodd yn ôl nes bod ei chefn yn erbyn y drws caeëdig. Plethodd ei breichiau a chrychodd ei haeliau. Aeth Alwyn yn ôl at y gwely gan eistedd ar ei erchwyn a'i hwynebu. Estynnodd am becyn sigaréts a orweddai'n agored ar y bwrdd bach yn ei ymyl. Roedd y bocs yn wag. Taflodd y pecyn i gyfeiriad y bin sbwriel yn y cornel. Methodd o lathen gyfan a throdd unwaith eto i wynebu Bethan.

"Wel, bore da. Er, yn ôl dy wep di mae e'n fore diflas uffernol. Be fuest ti'n 'i yfed neithiwr? Wermod?"

Gwgodd Bethan.

"Wel, wel, rwyt ti *yn* siaradus. Ond gan dy fod ti mor ddiwedws fe ateba i dy gwestiynau di cyn i ti eu gofyn nhw. Do, fe ges i noson dda iawn, diolch yn fawr. A do, fe wnes i feddwi. Meddwi'n rhacs mewn cwmni da."

Daeth gwrid o dymer i wyneb Bethan wrth iddi ymladd i gadw'i hun dan reolaeth. Anelodd ei geiriau fel saethau brathog at Alwyn.

"Gwranda. Os mai ceisio cael ffordd i ddeud wrtha i be ddigwyddodd neithiwr rhyngot ti a Roger wyt ti, yna paid â gwastraffu dy eiriau. Mi ddeudodd Roger y cyfan wrtha i."

"Y gwir, a dim ond y gwir, wrth gwrs. Fyddai Roger ddim yn adnabod y gwir petai Iesu Grist yn ei gicio fe yn 'i geillie."

Anwybyddodd Bethan y sylw. Daliodd ei thir gan gymryd cam ymlaen a syllu arno'n herfeiddiol.

"Dyna dy ateb di i bopeth, yntê? Gwawdio. Ond nid fersiwn Roger o'r gwir yn unig ges i. Fe ges i fersiwn Dewi hefyd. Dw i'n gwybod dy fod ti a Roger yn casáu eich gilydd. Ond roedd y ffordd wnest ti drin Dewi yn gwbwl anfaddeuol. Mi wnest ti ei frifo fo. Ond dyna fo, rwyt ti'n arbenigwr ar frifo pobol."

Gwenodd Alwyn yn goeglyd.

"*Et tu, Brute*. Diolch i ti am wthio'r gyllell yn ddyfnach."

Trodd Bethan i wynebu'r drws mewn osgo o rwystredigaeth. Anadlodd yn ddwfn cyn ail-droi i'w wynebu.

"Gwranda, Alwyn. Dydw i ddim yn bwriadu dadlau efo ti. Ond dw i'n dechra meddwl nad ar Roger mae'r bai am y teimlada drwg sy rhyngoch chi. O leia mae hwnnw'n fy nhrin i fel merch ac nid fel tegan rhyw."

Cododd Alwyn a chwarddodd yn uchel a chamodd tuag ati. Syllodd yn ddwfn i fyw ei llygaid.

"Mae e wedi llwyddo i dy ddallu dithau hefyd, ydi e? Gwranda, Bethan, pryd wnaeth y bastard hwnnw erioed feddwl am unrhyw un heblaw amdano fe'i hunan? Petai e'n far o siocled bydde fe'n bwyta'i hunan."

Bu bron i Bethan ildio i gyffyrddiad ei law ar ei hysgwydd. Ar yr eiliad olaf tynnodd ei hun oddi wrtho ac agorodd y drws. Cyn iddi fynd allan, trodd yn ei hôl. Ac fel petai hi'n ei dwrdio'i hun am fradychu'r arwydd lleiaf o feddalwch rhoddodd fin ychwanegol ar ei geiriau.

"Does gen i mo'r awydd na'r amsar i ffraeo efo ti. Dw i'n mynd. Mae gan rai ohonan ni waith i fynd iddo."

Trodd ar ei sawdl a chaeodd y drws yn glep ar ei hôl. Gwenodd Alwyn. Roedd y ferch yn dangos cryn blwc. Penliniodd wrth y bar mini gan hanner llenwi gwydr uchel â thalpiau o rew. Yna agorodd botel o *gin* a llanwodd y gwydr i'r fil. Syllodd arno'i hun yn y drych wrth iddo godi'r gwydr yn uchel i'r awyr mewn arwydd o gyfarchiad.

"Ie, gwaith piau hi. Iechyd da!"

Gwagiodd y gwydr mewn tri llwnc.

4

Roedd hi'n ganol dydd. Ac er ei bod hi'n ddydd Sul, roedd dwsinau o swyddogion ar Faes yr Eisteddfod yn rhuthro yma ac acw yn ddigyfeiriad. Roedd stondinwyr wrthi'n gosod eu cynnyrch ar fyrddau a silffoedd ar gyfer drannoeth, llawer ohonynt heb fynd i'r drafferth o agor y diwrnod cynt. Roedd y stondinwyr bwyd yn paratoi ar gyfer gwerthu byrgyrs a chŵn poeth. Roedd yr Efengylwyr yn paratoi ar gyfer pedlera Duw. Llun noeth o Mary Millington fyddai'r prif ysgogiad dros brynu *Lol*. Tra oedd Ffydd y B'hai hwythau yn hwrjio, wel, B'haiaeth, beth bynnag oedd hwnnw. Anodd fyddai canfod unrhyw un na wisgai fathodyn o ryw fath neu'i gilydd.

Yn stiwdio Teledu Gwalia roedd technegwyr wrthi'n paratoi ar gyfer y bwletin dyddiol tra oedd Dewi a Roger yn sipian coffi oer a chwerw o gwpanau plastig wrth un o'r desgiau. Teimlai Dewi'n ddiamynedd.

"Gwastraff llwyr yw ceisio rhoi rhaglen wrth ei gilydd ar ddydd Sul. Does dim byd yn digwydd na dim byd yn debyg o ddigwydd. Cawl eildwym fydd hi heno, rwy'n ofni."

Gwenodd Roger rhyw wên fach gyfrinachol.

"O, ddwedwn i ddim o hynny. Mae gen i ryw syniad bach yng nghefn fy meddwl am eitem a all fod yn ddigon blasus. Dipyn mwy blasus na'r blydi coffi yma."

Taflodd Roger y cwpan plastig hanner llawn i'r fasged sbwriel. Harymffiodd Dewi, heb ei ddarbwyllo'n llwyr gan optimistiaeth Roger.

"Rhwydd hynt i chi. Ond fe fydd hi'n anodd iawn dilyn llwyddiant neithiwr. A chofiwch nad syniadau yn unig fydd eu hangen heno. Fe fydd y baich cyflwyno ar eich ysgwyddau chi yn llwyr."

Roedd hyn yn fiwsig yng nghlustiau Roger. Ei ofn mawr oedd y byddai Dewi wedi mynd ati i gymodi ag Alwyn. Hen fabi meddal a simsan oedd Dewi yn y bôn a gallai Alwyn ei droi o gwmpas ei fys bach. Ceisiodd gadw'r gorfoledd allan o'i lais.

"Wnaeth Alwyn ddim newid ei feddwl, felly?"

Ysgydwodd Dewi ei ben yn ddiflas.

"Naddo. Dydw i ddim wedi'i weld e ar ôl neithiwr. Beth yn y byd ddaeth i'w ben e? Mae e wedi bod braidd yn fyrbwyll erioed. A phengaled hefyd. Ond neithiwr fe aeth e'n llwyr dros ben llestri. Petai e ond wedi ymddiheuro. Dweud y byddai e'n ailystyried yr hyn ddwedodd e. Dyna i gyd oedd ei angen. Eto rwy'n ofni i finnau hefyd fod yn rhy llawdrwm arno fe."

Cododd Roger a gosododd ei law ar ysgwydd Dewi yn gysurlon.

"Peidiwch â'ch beio'ch hunan, Dewi. Fe roesoch chi bob cyfle iddo fe. Fedrai neb fod wedi gwneud mwy. Ond peidiwch gofidio. Gyda'n gilydd fe ddown ni drwyddi."

"Mater i chi'ch dau yw'r drwgdeimlad amlwg sy'n bodoli rhyngoch chi. Ond fe ddylai pobol broffesiynol anghofio'u gwahaniaethau pan fo enw da'r cwmni yn y fantol. Fe wnaeth e gyhuddiadau difrifol yn eich erbyn chi."

Gwisgodd Roger wên fach addas, un a oedd yn ddioddefgar ac yn oddefgar ar yr un pryd.

"Rwy'n falch i chi gael y cyfle, o'r diwedd, i'w weld e yn ei wir liwiau. Rwy wedi gwneud fy ngorau i ddygymod â'i hwyliau anwadal e. Ond mae hi'n anodd weithiau."

Edrychodd Dewi braidd yn amheus. Syllodd i waelodion ei gwpan plastig cyn llyncu'r diferion olaf o'r coffi du, claear. Crychodd ei wyneb wrth flasu'r chwerwder.

5

Roedd effaith y *gin* a'r ffaith ei fod bellach ar ei ail beint o lagyr yn dechrau dweud ar Alwyn. Er gwaetha'r ffaith ei fod e'n yfed ar ei ben ei hun yn y lolfa, teimlai'n ddiddig gynnes. Roedd y pwmp yn dechrau cydio, chwedl Joe. Fe gâi alcohol yr effaith hynny arno bob amser. A doedd dim byd yn well ganddo na'r cyflwr hwnnw pan welai bopeth drwy ryw fath o gwmwl ysgafn, gwyn. Cwmwl cynnes fel gwlân cotwm a lapia'i hun am bawb a phopeth.

O'r bar gerllaw, lle'r oedd trwydded clwb am y dydd, deuai sŵn clebran uchel ac ambell gân amhersain. Yna sobreiddiodd wrth glywed rhywun yn canu geiriau cân serch a ailgyneuodd fflamau'r hen atgofion a fu'n ei blagio gymaint yn ddiweddar.

> *'Cofio dy wyneb yn edrych ar fy wyneb*
> *dy lygaid yn edrych i fy llygaid*
> *dy law ar fy ysgwydd*
> *a'th galon ym mhoced cesail fy nghôt...'*

Nofiodd wyneb Carol o flaen ei lygaid. Toddodd a throdd yn wyneb Bethan. Ceisiodd gau ei glustiau i'r geiriau a'r nodau. Gwagodd ei wydr a throdd at y bar am ragor. Ar wahân i griw o hanner dwsin o bwysigion Eisteddfodol bathodynnog yn sipian yn y cornel roedd y lolfa'n dawel.

Ond nid felly'r bar. Codai'r lleisiau'n uwch ac yn uwch gan foddi llais y canwr. Diolchodd Alwyn am y ffafr. Bendithiodd y meddwon. Ond roedd yr ymyrraeth yn rhy hwyr. Roedd y fflodiart atgofion wedi agor led y pen bellach. Yn yr union far hwnnw ugain mlynedd yn gynharach y bu ef a Joe yn dathlu. Joe ar ben cadair yn pregethu wrth griw gwerthfawrogol a'i porthai fel blaenoriaid mewn capel Bedyddwyr.

Roedd gan Joe ei hoff bregeth ar ei hoff destun, sef Moses yn arwain y genedl allan o'r Aifft i Wlad yr Addewid. Gallai Alwyn gofio'r bregeth air am air. A gallai gofio'r noson yn gwbl glir, mor glir â phetai hi wedi digwydd y noson cynt...

Roedd Moses a'i bobol wedi cyrraedd y Môr Coch, gyfeillion. O'u blaen roedd y tonnau. O'u hôl roedd yr hen Pharo a'i filwyr. Doedd dim dihangfa...

Nag oedd, wir. Dim dihangfa...

A dyma'r bobol yn dechrau cwyno. "Beth yw'r gêm?" medden nhw. "Man a man petait ti wedi'n gad'el ni yn yr Aifft. O leia roedden ni'n cael byw yno. Yma, dim ond boddi neu wynebu picellau milwyr Pharo sy'n ein haros ni..."

O'r fath ddewis...

Ond dyma'r hen Foses, ie, yr hen Foses yn taro'i wialen ar y traeth. Ac ar unwaith, gyfeillion, dyma'r Môr Coch yn agor o'i flaen...

Ie wir, molwn ei enw...

A dyma Moses yn troi at ei bobol ac yn gweiddi, "Ymlaen â ni." Ie, "Ymlaen â ni," medde'r hen batriarch. "Mae Duw Israel yn ein cynnal ni, blant y gaethglud."

Amen. Diolch iddo...

A dyma Moses yn arwain ei bobol rhwng y tonnau. Ie, dyma Moses a'i bobol, heb hyd yn oed gymorth Wellingtons na phac-a-macs, yn cyrraedd yr ochor draw heb iddyn nhw wlychu eu socs...

Felly wir. Molwch ef...

Ac yno, ar y lan yr ochor draw, dyma Moses yn troi i edrych yn ôl. A dyma fe'n gweld yr hen Pharo yn annog ei filwyr i ddilyn, i ymlid yr hen genedl. Do, fe welodd e Pharo a'i ddynion a'u cerbydau a'u meirch yn dechrau rhuthro ar ôl plant Israel. Ond a aeth yr hen Foses i banic? Rwy'n gofyn i chi, bobol, a aeth yr hen Foses i banic?

Naddo wir. Amen.

Naddo glei, chi'n iawn. Yr hyn wnaeth Moses oedd penlinio a gofyn i Dduw am gymorth, am help. Un weithred arall i sicrhau rhyddid ei blant. Yna fe gododd Moses ei olygon tua'r Nefoedd. A dyma fellten. A dyma daran yn dilyn yn glòs wrth ei chynffon. A dyma'r Môr Coch yn cau am Pharo a'i filwyr.

Ie wir, bendith arno...

Ond nid dyna'r diwedd, gyfeillion. Nid dyna'r diwedd. Dyma'r hen Foses nawr yn codi ar ei draed ac yn ymestyn un fraich, yn codi un llaw ac yn codi dau fys o'r llaw honno i'r awyr a'u chwifio. A dyma'r hen Foses yn bloeddio...Yn bloeddio, gyfeillion, yn bloeddio... Twll dy din di, Pharo!

"Twll dy din di, Pharo!"

Clywodd Alwyn y geiriau fel petaen nhw'n cael eu bloeddio yr eiliad honno. Clywodd chwerthin a chymeradwyaeth y bar i bregeth Joe. Clywodd y dorf yn ymbil am ragor a Joe yn ufuddhau gan floeddio eto:

"Twll dy din di, Pharo!"

A dyna pryd y sylweddolodd Alwyn nad atgofion a lanwai'i ben. Roedd y bregeth a'r porthi wedi digwydd, yn digwydd, yn y bar gerllaw. Roedd Joe yno yn y cnawd.

Cododd Alwyn a rhuthrodd allan o'r lolfa tua'r bar. Gwthiodd y drws yn agored a llwyddodd i wasgu ei ffordd drwy'r dorf at y stôl y safai ei hen gyfaill arni. Gafaelodd am ei goesau a bloeddiodd:

"Joe Jenkins, myn diawl i. Joe Jenkins, yr hen fastard digywilydd. Shwd wyt ti?"

6

Draw yn swyddfa uned allanol Teledu Gwalia roedd Bethan wrthi'n gorffen teipio sgript Roger tra oedd hwnnw'n edrych dros ei hysgwydd. Roedd cymryd arno ei fod yn arolygu'r gwaith yn esgus da dros bwyso drosti. Medrai deimlo'i chynhesrwydd ac arogli ei phersawr mor glir ag y gwnaethai'r noson cynt.

"Bron yn barod. Wn i ddim sut wyt ti'n llwyddo i gael hyd i'r storïau 'ma."

Gwenodd Roger. Roedd y "chi" wedi troi'n "ti" dros nos. A daliodd ar y cyfle i frolio ychydig arno'i hun. Ond heb fynd dros ben llestri.

"Mater o arfer. Dyna i gyd. Fedrai unrhyw un ei wneud e. Dim ond mater o wybod ble i fynd. Ac yn bwysicach fyth, at bwy i fynd. Mae e'n dod yn reddfol bellach, mor naturiol ag anadlu."

Tynnodd Bethan y dudalen allan o'r teipiadur a'i throsglwyddo iddo. Daliodd yntau'r dudalen i fyny a'i hailddarllen.

"Mae Dewi'n bles iawn ar dy waith di."

"Wel, rwy wedi bod yn disgwyl yn ddigon hir am y cyfle. A phan ddaw cyfle mae'n rhaid gwneud yn fawr ohono fe."

Rhedodd ei law yn ysgafn drwy ei gwallt tra darllenai'r sgript. Ni cheisiodd Bethan ei atal. Wrth i'w lygaid gyrraedd gwaelod y dudalen fe gyrhaeddodd Dewi.

Cymerodd gip ar ei watsh a chadarnhau'r amser drwy droi at gloc y stiwdio.

"Popeth wedi'i baratoi, rwy'n cymryd. Y sgript yn barod. *Chop-chop.*"

Nid cwestiynau oedd y rhain ond datganiadau. O'r herwydd doedd dim angen atebion. Camodd i gyfeiriad y stiwdio gan glwcian fel iâr wedi canfod porfa las.

"*Fine.* Fe awn i draw i gael *run through*, felly."

Wrth iddynt gyrraedd y caban recordio safodd Dewi o'r neilltu a gadawodd i Roger ei oddiweddyd. Yna fe'i hataliodd gan osod ei law ar ei ysgwydd.

"Stori dda arall, os nad ydw i'n gwneud camgymeriad mawr. A gyda llaw, Edwards... Roger..."

"Ie?"

"Ddim yn aml y byddai'n syrthio ar fy mai. Ond rwy'n gweld nawr y dylswn i fod wedi rhoi mwy o gyfle i chi yn gynharach. R'ych chi wedi ymateb i'r her yn ardderchog. Dwy stori dda, un ar ôl y llall, a hynny ar adeg pan nad oedd disgwyl unrhyw stori o bwys. Mae hyn wedi bod yn ddechreuad gwych i ni."

"Wel, ddim yn ddrwg o dan yr amgylchiadau, er mai fi sy'n dweud hynny. Ond fe wnaiff y brif stori heno'r tro, yn arbennig ar noson wan fel nos Sul."

"Ry'ch chi'n dibrisio'ch talent, Edwards. Mae hi'n glamp o stori. Unwaith eto ry'n ni wedi achub y blaen ar ein cystadleuwyr. Llongyfarchiadau."

Yna fe gofiodd Dewi mor bwysig oedd amser. Clapiodd ei ddwylo a gwaeddodd dros ei ysgwydd:

"*OK, crew, stand by for rehearsal.* Pob lwc, Roger."

Camodd hwnnw'n dalog i mewn i'r caban ac eistedd-odd o flaen y camera. Llyfodd ei weflau a thynnodd ei fysedd yn ysgafn drwy ei wallt cyn rhedeg blaen bys dros ei fwstás. Gwisgodd ei wên orau wrth ddisgwyl am winc slei'r golau gwyrdd wrth ei benelin.

7

Yn ôl yn nhawelwch cymharol y lolfa câi Alwyn hi'n haws cynnal sgwrs â'i hen gyfaill. Ac ar ôl torri'r iâ roedd angen awyrgylch gymharol dawel gan fod gan y ddau gymaint i'w ddweud wedi'r holl flynyddoedd. Ond yn hytrach na dechrau ugain mlynedd yn gynharach, digwyddiadau'r dyddiau diwethaf oedd flaenaf ar feddwl Alwyn.

"Do, fe ddwedes i wrth y bastard am stwffio'i raglen ble mae'r mwnci'n stwffo'i gnau. Fe dafles i 'mathodyn ar y bwrdd a cherdded mas. A nawr rwy'n ddi-waith. Cofia, fe wnes i un jobyn fach arall cyn ffarwelio'n llwyr."

Chwarddodd Joe gan ddatgelu mwy o fylchau nac o ddannedd, a'r dannedd hynny a oedd yn weddill wedi hen felynu gan nicotin blynyddoedd o ffags Craven 'A'.

"Na, paid â gweud 'tho i. Fe gachest ti yn 'i ddrôr e cyn mynd."

"Naddo, er i fi gael 'y nhemtio. Na, codi sgwarnog fach wnes i. Neu, i fod yn fanwl gywir, codi gwahadden."

Syllodd Joe yn ddryslyd dros ymyl ei wydr.

"Dw i ddim gyda ti nawr."

Chwarddodd Alwyn wrth weld y dryswch yn llygaid ei hen gyfaill. Ac ysgydwodd ei ben mewn edmygedd wrth sylwi ar y gwallt a dorrwyd yn y bôn, y farf hir, aflêr a'r hen gôt law ddu, slic a wisgai Joe dros ei siwmper ddu a'i drowser rib. Doedd e ddim wedi newid dim.

"Yn hytrach na 'mod i'n esbonio wrthot ti, fe gei di weld dros dy hunan nawr. Mae'r rhaglen bron â dechrau.

Dere draw i'r cornel."

Cododd y ddau gan symud tuag at y set deledu, a oedd eisoes wedi'i chynnau. Wrth iddyn wneud hynny sylwodd Alwyn ar ddau wyneb cyfarwydd. Roedd y ddwy ferch a gafodd lifft ganddo yn y car yn sefyll wrth y bar. Gyda nhw roedd merch arall, y gyfnither y gwnaethon nhw sôn amdani, siŵr o fod.

Wrth i Alwyn a Joe fynd yn eu blaenau, cododd y gochen ei llaw. Ymatebodd Alwyn gyda gwên. Ac yna safodd yn stond. Y ferch arall. Gallai dyngu ei fod e'n ei hadnabod hi. Unwaith eto trodd heddiw yn ddoe. Cofiodd amdano fe a Joe yn edrych ar ddwy ferch ifanc, un ohonynt yr un ffunud â hon. Caeodd ei lygaid yn dynn. Roedd hyn yn mynd yn rhy bell. Ble bynnag yr edrychai, deuai rhyw sgerbwd o'r gorffennol i aflonyddu arno. Yna teimlodd law Joe ar ei ysgwydd. Amneidiodd tuag at y merched. Ac yna gwenodd ar Alwyn.

"Hei, dere 'mla'n, 'rhen Stalwyn. Ti'n cofio'r arwyddair, ond wyt ti? Cwrw gynta, bag o tships wedyn, yna uffarn o ffeit. Ac wedyn, os oes yna amser sbâr, jwmp."

Chwarddodd Alwyn yn uchel. Oedd, roedd Joe yn iawn. Blaenoriaethau oedd piau hi. Eisteddodd y ddau o flaen y set deledu a llanwyd yr ystafell gan fiwsig cyfarwydd *Hwyl yr Ŵyl*. Ac wrth i'r teitlau ddiflannu, ymddangos-odd wyneb Roger Edwards.

"Dyma ni, Joe. Gwranda ar hyn."

"Mae e'n edrych yn ddigon iach er gwaetha'r belten roist ti iddo fe."

"Ma' colur yn medru creu gwyrthiau heddi, Joe bach."

Ar y sgrîn gwenodd Roger Edwards yn hunanfoddhaus a dechreuodd siarad.

"Yn dilyn datgeliad sy'n egsgliwsif i ni, mae posibilrwydd cryf y bydd yn rhaid i awdurdodau'r Brifwyl gyfyngu'n sylweddol ar nifer y gynulleidfa yn y Pafiliwn Mawr am weddill yr wythnos. Deallwn y gallai'r nifer o bobl a ganiateir i'r adeilad fod cyn lleied â mil er mwyn cydymffurfio â rheolau diogelwch. Mae'r adeilad yn dal chwe mil ac fel arfer mae'n orlawn ar gyfer y prif ddefodau. Byddai cyfyngu ar y nifer yn golygu siomi miloedd o eisteddfodwyr sydd eisoes wedi prynu tocynnau…"

Methodd Alwyn ffrwyno'i lawenydd. Cododd o'i sedd a neidiodd i fyny ac i lawr a'i freichiau yn yr awyr.

"Myn uffarn i! Mae hi wedi gweithio!"

Dal yr un mor ddryslyd oedd Joe.

"Be 'ti'n feddwl?"

Yna lledodd gwên dros wyneb Joe wrth iddo ddechrau sylweddoli'r hyn ddigwyddodd.

"Dy stori di?"

"Ie, fy stori gelwyddog i. Gyda chymorth rhywun arall."

"Dim owns o wirionedd ynddi?"

"Dim owns."

Ymunodd Joe ag Alwyn mewn rhyw jig fach afrosgo o gwmpas y bwrdd, er mawr ddryswch i'r cwsmeriaid syber yn y lolfa.

"Nawr 'te, dal dy ddŵr, 'rhen Stalwyn. Ma' hyn yn gofyn am fwy na dathliad cyffredin. Aros di fan'na. Fydda i ddim yn hir."

Ciliodd Joe allan drwy ddrws y lolfa gan adael Alwyn i fwynhau'r fuddugoliaeth. Tarfwyd arno gan lais o'i ôl, llais y gochen.

"Hylô, dyma ni'n cwrdd unwaith eto."

Cododd Alwyn a gwelodd y tair merch yn sefyll wrth ei ymyl.

"O, shwmai. Nawr 'te, gadewch i fi gofio… Anwen… Lleucu a… Na, mae'n ddrwg 'da fi, dw i ddim yn cofio'r enw. Ond chi yw cyfnither y ddwy yma, siŵr o fod."

Gwenodd y drydedd ferch. Datgelodd ddannedd claerwyn. Roedd ganddi lygaid gwyrddlas a gwallt lliw gwenith.

"Rydach chi'n iawn, fi ydi'r gyfnither. Mair ydi'r enw."

Gwthiodd ei llaw i law Alwyn. Teimlodd gynhesrwydd y gafaeliad. Roedd hon yn bishyn a hanner. A chofiodd eto am rywun arall, flynyddoedd yn ôl, a oedd yn edrych yr un ffunud â hi.

"Mae'n bleser cael cwrdd â ti, Mair. Ond pam y'ch chi ferched heb ddiod?"

"Does ganddon ni ddim dewis. Wnân nhw ddim rhoi diod i ni yn y lolfa. Dim ond crach fel chi a'ch ffrindiau sy'n cael yfed yn y fan hyn."

Y gochen bowld unwaith eto. Doedd dim byd yn swil yn hon.

"Wel, eisteddwch fan hyn ac fe a' i i nôl diod i chi. Gwell i un ohonoch chi ddod 'da fi. Dw i ddim yn gwybod be 'di'ch pleser chi. Ac fe fydd yna angen help i gario'r cyfan."

Eisteddodd Anwen a Lleucu tra ymunodd Mari ag Alwyn wrth y bar. Gofynnodd am dri Bacardi a lemonêd. Wrth iddo gyflawni'r archeb fe daflodd George winc fach slei ar Alwyn a chododd ei aeliau mewn gwerthfawrogiad o safon y cwmni.

"Mae'n rhyfedd eich gweld chi fan hyn a'ch rhaglen chi ymlaen ar y bocs."

Doedd y ferch, mwy na neb arall y tu allan i gylch bach cyfyng Teledu Gwalia, ddim yn gwybod am y rhyfel cartref rhwng Alwyn ar y naill law a Roger, Bethan a Dewi ar y llall.

"Mae hi'n stori hir. Yn rhy hir a chymhleth i'w hailadrodd fan hyn. Ond cwestiwn llawer pwysicach – be wyt ti yn ei wneud yma heb gwmni?"

"Mae gen i gwmni. Mae Anwen a Lleucu efo fi."

Syllodd Alwyn arni'n syn. Ni fedrai benderfynu ai cellwair oedd hi ai bod yn uffernol o naïf.

"'Ti'n gwybod be dw i'n ei feddwl. Pam mae merch fel ti yma heb gwmni gwrywaidd?"

"Hynny yw, be ydach chi'n 'feddwl yw, be mae merch fel fi yn ei wneud mewn lle fel hyn? Ro'n i'n meddwl fod y *chat-up line* yna wedi gadael gyda Noa ar yr arch."

Doedd hon ddim yn ffŵl, meddyliodd Alwyn. Ac yn gyfnither deilwng i'r gochen.

"Na, mae'r cwestiwn yn un digon teg. Mae'n rhaid fod bechgyn ifanc yr oes hon yn wahanol i fechgyn fy nghyfnod i. Petawn i yn ugain oed eto fyddet ti ddim wedi bod ar dy ben dy hun yn hwy nag ugen eiliad. Felly, rwy'n gofyn eto. Pam nad oes gen ti gwmni?"

"Wel, mae honna'n stori hir ac yn stori gymhleth hefyd. Fel dd'udes i, mae gen i ffrindiau yma, Anwen a Lleucu. Ond chi ddaru fy nenu i i'r lolfa."

Unwaith eto ni fedrai Alwyn benderfynu a oedd hi o ddifri.

"Wyddwn i ddim fy mod i'n cael y fath effaith ar ferched."

"Peidiwch â dechra ymffrostio. Mam sy'n ffan mawr ohonoch chi, nid fi. Dyna pam o'n i mor awyddus i gyfarfod â chi."

Roedd hon yn mynd o un cymhlethdod i'r llall. Chwarddodd Alwyn, chwerthiniad o rwystredigaeth yn fwy na dim byd arall. Sut yn y byd oedd deall ei meddwl hi?

"Wel, fedra i ddim ond edmygu chwaeth dy fam. Bydd

yn rhaid i fi ei chyfarfod hi rywbryd."

"Rydach chi wedi gwneud."

"Do? A phryd oedd hynny?"

"Yma yng Nghaernarfon ugain mlynedd yn ôl."

Wrth iddo godi dau o'r gwydrau o'r cownter bu bron iawn i Alwyn eu gollwng o'i afael. Syllodd mewn syndod ar Mair.

"Na, all e ddim bod yn wir. Dydi'r peth ddim yn bosib. Ac eto, roedd gen i deimlad 'mod i yn dy adnabod di. Merch Elizabeth wyt ti felly. Merch Liz."

Gwenodd Mair.

"Rydach chi'n dal i'w chofio hi, 'lly. Roedd hi'n amau'n fawr y basach chi. Mae hi'n sôn llawer amdanoch chi. Bob tro mae hi'n eich gweld chi ar y bocs mae hi'n tynnu coes Dad: 'Pam na fyswn i wedi sticio at hwnna yn lle priodi rhyw athro bach tlawd?' Dyna'i chân hi bob amsar."

Chwarddodd Alwyn yn uchel. Ond doedd dim arwydd o hiwmor ar wyneb Mair.

"Weithiau mi fyddai'n teimlo ei bod hi'n ei feddwl o."

"Paid â gofidio. Fu yna fawr ddim rhwng dy fam a fi. Rhyw gerdded rownd y dre 'ma un noson a sgwrsio. Roedd y ddau ohonon ni'n ifanc. Yn llawn syniadau a breuddwydion. Carwriaeth un nos, dyna i gyd."

Cerddodd y ddau yn ôl at y merched eraill gyda'r diodydd. Ac wrth iddynt eu gosod ar y bwrdd, cyrhaeddodd Joe yn cario potel lawn o Jack Daniel's. Syllodd ar y merched a gwenodd cyn ail-droi at Alwyn.

"Wel, wel, 'rhen Stalwyn. Ti ddim wedi colli dy ddawn. Tair merch ifanc, myn diawl i. Dyw un ddim yn ddigon bellach."

Braidd yn annifyr y chwarddodd Alwyn wrth iddo'i esgusodi ei hun a chyrchu am y tŷ bach.

8

"Dere 'mla'n, 'rhen Stalwyn. Ry'n ni wedi gwastraffu digon o amser o dan y cloc fan hyn. Ma' syched arna i. Dere i ga'l peint. Fe fydd gyda ni ddigon o gyfle i ffeindio menyw wedyn."

"Rho ryw ddeg munud arall iddi. Ma' rhywbeth yn gweud 'tho i y byddwn ni'n lwcus."

"Yr un rhai sy'n cerdded rownd a rownd drw'r amser. A dw i ddim wedi ffansïo un ohonyn nhw 'to. Dim rhyfedd bod y Cofis yn galw'r peth yn Monkey Parade. Mwncis yw'r rhan fwya ohonyn nhw. Dere 'mla'n. Ma'r Black Boy rownd y cornel."

"Iawn. Ti'n eitha reit. Fe gawn ni beint."
Trodd y ddau a chychwyn am y Black Boy. Ond cyn cyrraedd y cornel fe gymerodd Alwyn gip dros ei ysgwydd.

"Hei, ara bach. Aros. Edrych, ma' 'na ddwy newydd yn cerdded lan yr hewl. Maen nhw'n sefyll o dan y cloc fan'co nawr. Dw i ddim wedi gweld y rhein o'r bla'n."

"'Ti'n eitha reit, yr hen foi. Fe a' i am honna ar y whith."

"O'wn i'n gob'itho wedet ti hynna. Dyw hi ddim cweit yn Jane Fonda, yw hi?"

"'Ti'n iawn, ma' hi'n debycach i geffyl Henry Fonda. Y tro diwetha welais i geg fel'na roedd bachyn pysgota yn sownd wrth 'i gwefus ucha."

Chwarddodd Alwyn yn uchel, mor uchel fel iddo dynnu sylw'r merched.

"Arglwydd, Joe, mae hi yn salw hefyd. Ond rwy wedi sylwi ar hyn o'r blaen. Rwyt ti wrth dy fodd gyda merched salw."

"Ydw, 'achan. Stwffia di fenyw salw ac fe fydd gen ti ffrind am oes."

Siglwyd Alwyn gan bwl arall o chwerthin yna difrifolodd wrth weld y ddwy ferch yn dynesu.

"Iawn 'te, Joe. Rwyt ti wedi gwneud dy ddewis. Fe dreia i'n lwc gyda'r llall. Ma' hi'n dipyn o bishin. A Joe..."

"Ie?"

"Gadawa'r sgwrsio i fi."

Petai'n dweud y gwir, teimlai Alwyn nad oedd ganddo fawr o obaith am unrhyw lwc. Ond am unwaith fe'i profwyd yn anghywir. Fe lwyddodd Joe ac yntau i baro i fyny, y fe gyda'r ferch gwallt lliw gwenith, fel y disgrifiwyd hi gan Joe yn ddiweddarach, a Joe gyda'r llall.

Canfu Alwyn yn fuan mai Liz oedd enw'i ferch e. Ac ar ôl tipyn o siarad fe wnaeth y ddau gydio yn nwylo'i gilydd. Roedd hi'n byw ar gyrion y dre ac yn gorfod bod adre erbyn un ar ddeg. Ac roedd hi'n ddeg eisoes.

Wedi un gylchdaith fe grwydrodd y ddau i lawr i gyfeiriad yr hen harbwr. Ac yno y cafodd Alwyn dipyn o hanes Liz. Merch i weinidog a fyddai'n mynd i'r coleg ymhen blwyddyn. Ei rhieni braidd yn gul. Na, doedd hi ddim yn canlyn neb. Ond oedd, roedd ganddi ddiddordeb mynd gydag Alwyn i gysgod hen adeilad gerllaw.

O'r dechrau fe wyddai ei bod yn llawn nwyd. Yn wir, hi a wnaeth y symudiadau agoriadol. A buan y sylweddolodd Alwyn fod ganddi fwy o brofiad nag yr honnai. Gymaint felly fel y bu iddo gachgïo allan a'i hatgoffa, os oedd hi am fod adre erbyn un ar ddeg, y byddai'n rhaid iddynt ei chychwyn hi.

Yn anfoddog y gollyngodd ei gafael. A law yn llaw fe gerddodd Alwyn hi adre gan ffarwelio â hi gyda chusanu a chofleidio nwydwyllt o fewn llathenni i ddrws ffrynt y Parchedig. Unwaith eto, ef wnaeth dynnu'n ôl.

O'r diwedd llwyddodd i'w ryddhau ei hun a llithrodd Liz i'r tŷ.

Wrth gerdded yn ôl tua'r dre, bron iawn na chiciodd Alwyn ei hun. Roedd ganddo enw yn yr ysgol fel tipyn o foi gyda'r merched. Ac nid y ffaith fod stalwyn yn odli gydag Alwyn a roes iddo'r ffugenw.

Yn anffodus doedd dim sail i'r rheswm dros yr enw a gafodd. Ond roedd yr enw wedi glynu a rhaid oedd iddo yntau wireddu ei hawl i'r llysenw hwnnw. Neu o leiaf gymryd arno ei fod e'n dipyn o foi. A nawr roedd e wedi colli gwir gyfle i hawlio teilyngdod, yn rhannol o leiaf, am gael ei fedyddio â'r fath lysenw. Y gwir amdani, petai ei ffrindiau ond yn gwybod hynny, oedd ei fod yn dal yn gwbwl ddibrofiad.

Roedd Joe yn cysgu pan gyrhaeddodd y babell mewn cae ar Ffordd Bethel – roedd y ffermwr caredig a drigai ar draws y ffordd i Faes yr Eisteddfod wedi ei ddarparu ar eu cyfer. Medrai Alwyn glywed Joe yn chwyrnu fel arth o'r ffordd fawr. Ond dihunodd Joe wrth i'w gyfaill wthio'i ffordd i mewn.

"Diawl, 'rhen Stalwyn, o'wn i ddim yn dy ddisgwyl di'n ôl. Pan wahanon ni, ro'dd y ferch 'na yn hongian wrthot ti fel jwg ar ddreser."

"Dim dewis, 'rhen foi, mae hi'n ferch i weinidog. Ac roedd e'n disgwyl amdani. Ddim cyn i fi ga'l dipyn o sbort, cofia."

"Y bastard lwcus. Llwyddiant arall. Un bert o'dd hi hefyd. Shwd ddiawl wyt ti'n 'i gwneud hi, dwed?"

"Dawn, Joe bach, dawn. Mae e gan rai. Ond beth amdanat ti?"

"Paid â sôn. Ro'wn i'n ôl yn y Black Boy o fewn pum munud."

"Shwd hynny?"

"Wel, i ddechre, ro'dd hi'n dod o Lanberis. Ac o feddwl am 'i siâp hi, wi'n siwr ma' hi sy'n llusgo'r blydi llwythi *llechi lawr o'r chwarel. Roedd hi fel caseg waith."*

"O'dd hi ddim yn bictiwr, mae'n rhaid cyfadde."

"Nag o'dd. Os nad wyt ti'n leico llunie Picasso. Ond ti'n gw'bod amdana i. Dw i ddim yn un i wastraffu amser. Fe aethon ni heibio'r castell lawr at yr afon ac fe dreies i'n lwc yn y fan a'r lle."

"Ie, cer 'mla'n. Be ddigwyddodd wedyn?"

"Wel, fe wnes i godi'i sgert hi. A dyma belten i fi nes o'wn i'n gweld blydi sêr. A ti'n gw'bod be wedodd hi?"

"Dim syniad."

"Fe wedodd hi, 'Hei, y mochyn diawl, ym mha dwlc gest ti dy eni? Mae'n bryd i ti ddallt fod gen i reol pan dw i'n mynd allan efo hogia – tits yn gynta. Wedyn, jwmp. Ocê?' Ac fe hitiodd hi fi unwaith eto nes bo ' nannedd i'n cratshan. Dew, 'rhen Stalwyn, wi'n lwcus bo' fi'n fyw."

Ac fe chwarddodd y ddau eu hunain i gysgu. Ond ddim cyn i Joe ychwanegu un dymuniad.

"Hei, 'rhen Stalwyn."

"Be?"

"Mae'n rhaid i ti roi gwersi i fi ar godi menywod."

"Unrhyw amser, 'rhen foi. Unrhyw amser."

"Gyda llaw, wyddost ti pryd yw'r unig adeg pan ma' dyn yn teimlo fel ca'l dwy jwmp?"

Dylyfodd Alwyn ên yn flinedig.

"Dim syniad, Joe. Pryd yw'r unig adeg pan ma' dyn awydd ca'l dwy jwmp?"

"Cyn y jwmp gynta."

Chwarddodd y ddau yn gwbl ddilywodraeth, Alwyn yn uchel, Joe yn isel a'r babell yn siglo gan y miri.

9

Pan gyrhaeddodd Alwyn yn ôl i'r lolfa roedd Joe eisoes
wedi agor y botel. Ac roedd hi'n amlwg fod y merched
wedi cymryd ato ar unwaith, yn ôl yr hwyl a gâi'r pedwar.
Ceisiai Joe rannu cynnwys y botel â'r tair. Ond gwrthod y
cynnig wnaeth y merched. Y gochen, unwaith eto, oedd
y llefarydd.

"Ddim diolch. Rwy'n rhyw ofni y byddwn i'n gweld
popeth yn ddwbwl ar ôl dracht o hwnna."

Gwenodd Joe yn dadaidd ar y tair cyn yfed llwnc o
wddf y botel.

"Cyngor bach i chi'ch tair. Cyn mynd allan am noson
o yfed, cymerwch joch go dda o Windolene."

"Pam?" gofynnodd Anwen. "Ydi hynny'n cadw'ch pen
chi rhag brifo?"

Syllodd Joe arni'n ddifrifol.

"Na, fydd dy ben di ddim iachach. Ond o yfed
Windolene, o leia fe fydd dy lygaid di'n glir."

Chwarddodd y merched a bu hyn yn sbardun pellach
i Joe fynd drwy'i bethau. Aeth ati i gyflwyno iddynt
ddarlith fyrfyfyr ar ddyletswydd pob Eisteddfodwr gwerth
ei halen i feddwi yn y Brifwyl.

"Dyna ddylai fod prif bwrpas pob Eisteddfod. Rhoi
cyfle i bawb feddwi'n rhacs. Fe ddylai fod 'na urddau
gwahanol i wahanol raddau o dancwyr, gwisg wen i'r
dysgwyr, un goch i'r graddedigion ac un ddu i Brif
Dancwyr Ynys Prydain. A byddai'r orymdaith yn cael ei
harwain gan Lywydd Undeb Tancwyr Cymru, Eirwyn
Ponshân, yn cario baner ac arni arwydd telyn Geltaidd
Arthur Guinness, Nawddsant Yfwyr y Byd."

Syllai'r merched yn gegrwth arno wrth iddo gyflwyno'i berorasiwn a chlosiodd rhai o'r cwsmeriaid eraill yn nes ato i rannu'r hwyl. Ac mewn ymateb fe ddechreuodd Joe berfformio.

"Wyddoch chi, gyfeillion, ma' Duw wedi bod yn wan. O, odi, yn wan iawn. Fe wnaeth e uffarn o fistêc pan wnaeth e greu dyn. O, do. Meddyliwch, gyfeillion. Duw yn creu dyn a rhoi dwy law iddo ond dim ond un geg. Dyna i chi ddiawl o fistêc."

Galwodd y cwmni am fwy o berfformiad. Ac ufudd-haodd Joe. A doedd yna'r un perfformiwr tafarn gwell na Joe. Yn null yr hen adroddwyr cydiodd yn llabedi ei gôt a syllodd tua'r to wrth lafarganu un o gerddi Williams Parry:

"Aeth heibio'r hen amseroedd
Pan yfai'r beirdd fel pysg.
Daeth crefydd i'r Eisteddfod
A chyda chrefydd, ddysg.
Ar ôl yr hen genhedlaeth
A wnâi ohoni ŵyl,
Daeth oes y Cymdeithasau
I dorri ar yr hwyl."

Wrth iddo gerdded tuag at Joe a'r merched, sylwodd Alwyn ar ymddangosiad Roger ar y sgrîn unwaith eto ar ddiwedd y rhaglen a galwodd ar y criw i dawelu. Gwenodd yn llydan wrth wrando ar y geiriau.

"Dymunwn ymddiheuro am yr hyn a ddywedwyd ar ddechrau'r rhaglen am Bafiliwn yr Eisteddfod. Deallwn erbyn hyn nad oes gronyn o wirionedd yn yr honiad fod yr adeilad yn beryglus. Dymunwn ymddiheuro yn ddiffuant i Gyngor yr Eisteddfod ac i gynllunwyr ac adeiladwyr y Pafiliwn am yr ensyniadau di-sail.

"Yn y cyfamser, fe fyddwn ni'n ôl gyda chi fory."

Cofleidiodd Joe ac Alwyn ei gilydd tra syllai'r merched yn ddryslyd. Agorodd Joe'r botel *Bourbon* a chydiodd mewn gwydr gwag a'i lenwi cyn ei basio i Alwyn. Gafaelodd mewn gwydr arall iddo'i hun a llanwodd hwnnw hefyd. A chyhoeddodd yn uchel yn ei lais pregethwrol gorau:

"Hybarch Archdderwydd. Dan nawdd Duw a'i dangnefedd, yn enw Undeb Cenedlaethol Tancwyr Cymru, atolwg i ti ddrachtio'n ddwfn o'r Corn Hirlas y gwin croeso hwn fel arwydd o'r angen i bawb feddwi'n shils."

Yna gwnaeth arwydd ar i bawb godi a chyffwrdd gwydrau. Wrth i Alwyn gyffwrdd ei wydr ag un Mari, syllodd y ferch i'w lygaid a gwenodd.

10

Os oedd hwyl a miri yn teyrnasu yn lolfa'r Regal, i'r gwrthwyneb oedd yr awyrgylch yn stiwdio uned allanol Teledu Gwalia. Tra oedd technegwyr wrthi'n symud camerâu ac ailosod y goleuadau roedd golwg sarrug ar wyneb Dewi wrth iddo wynebu Roger.

"Wn i ddim sut fedrech chi wneud y fath beth, Edwards. Fyddai plentyn ysgol ddim yn cyhoeddi stori fel'na heb sicrhau bod iddi sail. Y peth cynta ddylech chi fod wedi'i wneud oedd cael gair gydag un o swyddogion y Cyngor. Mae hyn yn anfaddeuol."

Edrychai Roger yn benisel. Roedd ei wyneb yn welw a'i wefusau'n crynu a phob arwydd o'i hunanhyder arferol wedi hen ddiflannu.

"Ond fedra i ddim deall y peth. Fe ddaeth y stori o'r un ffynhonnell â'r un ddoe. Doedd gen i ddim lle i amau ei dilysrwydd hi. Teimlo o'wn i mai gwastraff amser fyddai mynd at unrhyw swyddog. Wedi'r cyfan, fe wrthododd unrhyw aelod o'r Cyngor siarad ddoe..."

Torrodd Dewi ar ei draws.

"Nid dyna'r pwynt. Mae'r hyn wnaethoch chi yn gwbwl amhroffesiynol. Ry'n ni wedi colli pob *credibility*. Fe fyddwn ni'n destun gwawd i bawb drwy Gymru ar ôl hyn. Ac fe all hyn effeithio ar ein cais ni am gael ffilmio unrhyw agwedd o'r Eisteddfod y flwyddyn nesaf."

"Ond roedd y llythyr yn dweud..."

"Llythyr? Pa lythyr?"

"Y llythyr wnes i dderbyn. Y llythyr oedd yn adrodd y stori."

"Doedd y llythyr ddim gwerth y papur y sgrifennwyd arno. Pryd wnewch chi sylweddoli, Edwards, mai llythyr ffug oedd e? Pryd wnewch chi sylweddoli fod rhywun wedi chwarae clamp o jôc arnoch chi? Duw a'n helpo ni os daw Gwilym Owen neu Clive Betts i wybod am hyn. A dydw i ddim yn edrych ymlaen at weld *Lol* y flwyddyn nesa."

Cododd Roger yn araf. Goleuodd ei lygaid. Trawodd wyneb y ddesg â'i ddwrn.

"Wrth gwrs, Mathews, y diawl."

Ond doedd y cyfarwyddwr bach ddim wedi gorffen. Cododd ei hun ar flaenau ei draed wrth geisio syllu i lygaid Roger.

"Gadewch Mathews allan o hyn. Mae un ohono fe yn well na hanner dwsin o bobol amaturaidd fel chi. Fyddai Mathews ddim wedi gwneud camgymeriad mor elfennol, mor blentynnaidd o anaeddfed. Yn y cyfamser rwy'n mynd. A dw i ddim yn edrych ymlaen at ymgreinio wrth draed swyddogion y Cyngor."

Trodd Dewi ar ei sawdl. Yna, cyn diflannu drwy'r drws, saethodd ergyd arall dros ei ysgwydd.

"D'ych chi ddim wedi clywed y gair ola am hyn, Edwards. Fe fydd gen i fwy i'w ddweud am hyn yn nes ymlaen."

Gadawodd Roger i ferwi mewn tymer.

11

Erbyn hyn roedd bar y Regal bron iawn wedi gwacáu a phawb wedi tyrru i mewn i'r lolfa. Ac er mai gwesteion a'u cyfeillion yn unig oedd â'r hawl i yfed yno, roedd George wedi hen ildio i'r anochel. Cysurodd ei hun y byddai'r til mor llawn â'r stafell erbyn diwedd y nos.

Roedd sylw'r cwsmeriaid wedi ei hoelio erbyn hyn ar berfformiad dyn bach â mwstás a wisgai gap gwyn ar ei ben ac a safai ar ben stôl. Oedd, roedd Pontshân wedi gwneud ei ymddangosiad cyntaf yn yr ŵyl ac wedi mynd, chwedl yntau, i ysbryd y darn.

Testun ei araith fawr y tro hwn oedd Magi Thatshyr. Ac wrth iddo gyrraedd penllanw'i sylwadau fe aeth i berorasiwn:

"O, claddwch Magi Thatshyr
Naw troedfedd yn y baw,
A rhoddwch arni ddeunydd
O ffrwyth y gaib a rhaw,
A rhoddwch arni feini,
A'r rheini oll dan sêl
Rhag ofn i'r diawl gyfodi
A phoeni'r oes a ddêl."

Wedi banllefau o gymeradwyaeth, o guro dwylo ac o

daro traed ar y llawr pren bu i'r dyn bach ddirwyn ei gyflwyniad i ben.

"Yfwch lawr, bois. Beth yw'r gost lle bo cariad? Yn anffodus mae'n rhaid i fi fynd nawr i gyflwyno araith ym Mhabell y Cymdeithasau. Y testun mawreddog, gyfeillion yw 'Dylanwad Syr John Buckley ar y bywyd Cymraeg'."

Tynnodd ei berfformiad i ben drwy osod bodiau ei ddwylo yng ngheseiliau ei wasgod cyn adrodd:

> "Sdim ots am ddim, sdim ots mo'r dam
> 'Tai'r babi'n cachu lond y pram.
> Fe ddaw eto haul ar fryn,
> Os na ddaw hadau, fe ddaw chwyn –
> Awn yn ôl i'r botel jin
> Tan amser te.
> Ie, hyfryd iawn. Awn ymlaen."

Ac i fwy o fanllefau o gymeradwyaeth fe gamodd y dyn bach i lawr o'r gadair a chafodd ei arwain tua'r bar.

Roedd Meinir a Lleucu erbyn hyn wedi eu denu i sgwrsio â chriw o fyfyrwyr o Aber ond roedd Mair wedi dewis aros yng nghwmni Alwyn a Joe. Ac roedd Joe erbyn hyn ar ei uchelfannau.

"Wel, fe allwn ni gyhoeddi nawr fod y Steddfod wedi dechrau o ddifri. Ma' Pontshân wedi cyrraedd."

"Ydi, ond ble fydd e'n cysgu heno, tybed?"

"Does dim dal. Yn y lorri fach, siŵr o fod. Beth amdanat ti, Mair?"

Roedd cwestiwn Alwyn yn ymddangos yn un digon diniwed. Ond gwyddai Joe o'r gorau fod yna bwrpas i'r fath ymholiad.

"Yn y maes pebyll gyda'r merched."

Chwarddodd Joe.

"O, yn y Greenfield Hotel, ife?"

Edrychodd Mair braidd yn ddryslyd.

"Na, ddim mewn gwesty. Mewn pabell."

Tro Alwyn oedd hi i chwerthin y tro hwn.

"Rhaid i ti faddau i Joe. Dwyt ti ddim yn deall. Y Greenfield Hotel. Hynny yw, cysgu ar y borfa. Cysgu allan."

Gwenodd Mair ond teimlai allan o'i dyfnder, braidd, yng nghwmni'r ddau.

"Cofia, i Joe a fi mae pabell mor foethus â'r Dorchester o'i chymharu ag ambell i le y buon ni'n dau yn cysgu ynddo fe. 'Ti'n cofio, Joe?"

"Cofio, ydw. Ti'n cofio'r ddau ohonon ni'n cysgu y tu mewn i ffenest hen siop yn Walter Road yn Abertawe?"

"Ydw, a baner Jac yr Undeb oedden ni wedi'i dwyn o'r tu fas i swyddfa'r heddlu droston ni fel blanced."

"Ie, a thorf y tu allan yn disgwyl am y bws y bore wedyn yn rhythu arnon ni fel petaen ni'n ddau filwr wedi'u lladd yn y Somme."

"'Ti'n cofio wedyn, un noson, cysgu ma's dan goeden yn y parc? A'r dyn llaeth, diolch amdano fe, yn gadael potel lawn wrth ein traed ni."

"Wnaethoch chi ddim aros mewn gwesty erioed?"

"Mair fach, roedd gwesty allan o gyrraedd ein pocedi ni. Ond fe wnest ti, Joe, dreulio un noson yn westai i'w Mawrhydi, ond do fe?"

Chwarddodd Joe. Ac wrth i Mair syllu braidd yn ddryslyd prysurodd Joe i esbonio.

"Steddfod y Fflint 1969. Fe ges i 'nghloi yn y loc-yp am y nos am weiddi pethe cas ar y Prins."

"Doeddwn i ddim gyda ti fan'ny."

"Nag oeddet, 'rhen Stalwyn. Roeddet ti yng nghanol criw o fyfyrwyr bach pwysig ac ar y ffordd i ymuno â'r crach erbyn hynny."

Er gwaetha'r brathiad, chwerthin wnaeth Alwyn. Ac wrth i'r ddau fynd ati i rannu atgofion, rhai mwy personol erbyn hyn, fe ddaliodd Mair ar y cyfle i fynd i gael gair â'i dwy ffrind. A phara i lifo wnaeth yr atgofion.

"Diawl, fe gawson ni sbort. Cyn i ti ymuno â'r crach."

"Gan bwyll nawr, Joe. Fues i ddim erioed yn un o'r crach."

Gwenodd Joe wên fach eironig.

"Paid â thwyllo dy hunan. Rwyt ti'n dal i fod yn un ohonyn nhw, 'rhen foi. Unwaith ma' stamp Pontcanna neu Landaf arnat ti, mae e fel torri bwlch yng nghlust dafad. Mae e 'da ti am byth."

Syllodd Alwyn i waelodion ei beint. Bu'n dawel am rai eiliadau.

"Ydw i wedi newid cymaint â hynny?"

"Wyt, 'rhen Stalwyn. Rwy'n gweld ambell fflach o'r hen ddyddie ynddot ti nawr ac yn y man. Ond ar y cyfan rwyt tithau wedi dy lyncu gan y minotawrws unllygeidiog. Fe alli di dynnu'r dyn allan o Gaerdydd. Ond alli di ddim tynnu Caerdydd allan o'r dyn."

Roedd Joe wedi taro ar fan gwan. Ond ceisiodd Alwyn gyfiawnhau ei benderfyniad i droi i fyd y cyfryngau.

"Fedri di 'meio i? Fe ddaeth y cyfle ac fe ddalies i wrth y cyfle hwnnw. Beth arall fedrwn i wedi'i wneud?"

"Aros gartre yn dy ardal."

"'Ti'n siarad fel Adferwr nawr."

"Maen nhw'n siarad lot o sens, 'rhen foi."

"Ond 'tawn i wedi aros adre, pa waith fyddwn i wedi'i ga'l fan'no?"

"Labro. Gweitho ar yr hewl. Neu fod ar y dôl fel fi. Ond o leia fe fyddet ti yno ymhlith dy bobol dy hunan yn hytrach na byw bywyd artiffisial yng Nghaerdydd."

Ysgydwodd Alwyn ei ben Sylweddolai iddo gefnu ar ei fro, ar ei ffrindiau. Ond dyna oedd bywyd.

"Delfrydu rwyt ti nawr. Beth petai'r cyfle wedi dod i ti? Fyddet ti wedi'i wrthod?"

Syllodd Joe yn ddwfn ac yn hir i'w lygaid. Gwenodd ac yna llowciodd yn ddwfn o'i wydr.

"Dyw'r cwestiwn ddim yn codi. Fydde'r cyfle byth wedi dod i fi. Ches i ddim o'n magu â llwy aur yn fy mhen. Fe fuodd 'Nhad farw cyn i fi erioed ei weld e. Dydw i ddim yn fab i berchennog cwmni adeiladu."

Canfu'r gyllell ei marc. Ac roedd Joe, wrth gwrs, yn iawn. Roedd Alwyn wedi mwynhau plentyndod a llencyndod breintiedig. Ond teimlai i Joe fynd braidd yn rhy bell.

"Rwyt ti'n annheg nawr. Doedd gan ddylanwad 'Nhad ddim byd i'w wneud â'r peth."

Pwysodd Joe ar draws y bwrdd a gosododd law ar ysgwydd Alwyn. Siaradodd yn bwyllog gan fesur pob gair.

"Faint wyddost di am ddylanwad dy dad? Fydde fe ddim yn cyfadde wrthot ti iddo fe gael gair bach yng nghlust rhywun, fydde fe? A chofia'i fod e'n Fesyn."

"Alla i ddim ateb dros 'Nhad."

Gwenodd Joe. Ail-lanwodd ei wydr o'r botel *Bourbon*.

"Na fedri. Ond dwy ffordd sicr sy 'na o gael swydd ar y cyfrynge – bod yn fab i Fesyn go-iawn, sy'n gwisgo ffedog ac sy'n rholio coes 'i drowser at 'i ben-glin. Neu fod yn fab i un o Fesyns y Mans. Ma'r naill cynddrwg â'r llall."

"Felly, yn dy lygaid di, rwy wedi newid. Wedi troi 'nghefn ar bobol fel ti."

"Wyt. Falle nad wyt ti'n llawn sylweddoli hynny. Ond unwaith wnest ti neidio ar y trên gerfi fe newidiodd pethe.

Mae 'na bymtheg mlynedd ers i ni gwrdd ddiwetha. Ar wahân i daflu ambell gyfarchiad bach yma ac acw. Ond fe allai fe fod yn fil o flynyddoedd. O, wyt, rwyt ti'n well na'r rhan fwya sy wedi gad'el. Ond fedri di ddim troi dy gefn ar bopeth oedd yn rhan ohonot ti a meddwl y medri di ddod 'nôl fel petai dim wedi digwydd."

Ymdawelodd Alwyn. Pwysodd yn ôl yn ei gadair a syllodd tua'r to.

"Wyddwn i ddim fod y newid yno' i mor amlwg."

"Mae e'n digwydd i bawb sy'n cael eu llyncu gan y cyfrynge. Maen nhw'n meddwl mai'r un bobol 'yn nhw pan ddown nhw'n ôl ar wylie i'w hen ardal. Prynu peint neu ddau i'w hen ffrindie. Sôn am y dyddie da. Yna mynd adre i swbwrbia ac i frolio eu perthynas â gwerinwyr y Talbot neu'r Llew Coch cyn anghofio popeth tan y tro nesa. Ond y gwir amdani yw eu bod nhw hefyd, dy hen ffrindie, yn dy anghofio di wrth i ti fynd mas drwy'r drws. Unwaith fyddi di wedi talu'r deg darn ar hugain am beint iddyn nhw, dwyt ti'n neb. Maen nhw'n falch gweld dy gefn di."

"Diolch am y wers. Mae'n amlwg nad wyt *ti*, beth bynnag, wedi newid dim."

"Na'dw, gobeithio. Ond wyt ti'n cofio Mam, druan, wastod yn dweud wrtha i am briodi merch ffarm?"

Chwarddodd Alwyn. Mwy o ryddhad na dim byd arall o feddwl fod Joe yn newid trywydd.

"Ydw, rwy'n cofio'n dda. Ond pam 'ti'n sôn am hynny?"

"Wel, anogaeth Mam bob amser oedd, 'Joseph, pan gei di ferch, paid byth â'i phriodi hi os na fydd ôl *Wellingtons* ar 'i choesau hi.' Rhywbeth yn debyg yw cael swydd gyda'r cyfryngau. Os nad wyt ti'n blentyn i Fesyn neu os nad yw ôl y goler gron ar dy war di neu ar war dy dad, neu lythrennau academaidd wrth gwt dy enw di, yna waeth i ti un tamaid â fframio dy bapur dôl a'i hongian e am byth uwch y silff pen tân."

Teimlodd Alwyn fod Joe yn mynd yn rhy bersonol. Ond cyn iddo gael cyfle i ddadlau yn ôl clywodd gynnwrf o gyfeiriad y drws a gwelodd Roger a Bethan yn gwthio drwy'r dorf tuag ato. Safodd Roger gyferbyn ag ef, ei wyneb yn welw a'i lais yn crynu.

"Fan hyn wyt ti, y diawl maleisus."

Gwenodd Alwyn yn llydan a mabwysiadodd agwedd orgyfeillgar gan osod ei fraich o gwmpas ysgwydd Roger.

Cododd y botel *Bourbon* â'i law arall.

"Roj, fy hen gyfaill. Rwy am i ti gyfarfod â hen gyfaill annwyl i fi – Joe. Fynnu di joch fach o Jack Daniel's?"

Anwybyddodd Roger y cyflwyniad. Tynnodd ei hun yn rhydd a gwthiodd ei wyneb yn glòs at wyneb Alwyn. Poerodd ei eiriau allan.

"Diolch i ti mae'n swydd i yn y fantol."

"Wel, wel. Ry'n ni'n dau yn yr un cae, felly. Llongyfarch-iadau."

Ceisiodd Bethan wthio'i hun rhwng y ddau, nid i geisio tawelu'r dyfroedd ond yn hytrach er mwyn cael cyfle i gefnogi Roger.

"Mae'r hyn wnest ti yn gywilyddus, Alwyn."

Anwybyddodd Alwyn hi'n llwyr. Yn hytrach cadwodd ei olygon ar Roger.

"Wel, wel, dyna biti. Rwy'n gweld fod yn rhaid i ti gael merch i ymladd dy frwydrau di bellach. Ond yn hytrach na 'niawlio i, diolch i fi ddylet ti, Roj."

"Diolch i ti? Mae'n bosib dy fod ti wedi achosi i fi golli'n swydd."

"Wel, rwy wedi agor drws newydd i ti. Wedi'r cyfan,

os cei di'r sac fyddi di byth ma's o waith. Mae'r *Sun* bob amser yn barod i gyflogi unrhyw un sy'n medru creu storïau ffug. A rwyt ti'n arbenigwr ar hynny."

Erbyn hyn, o glywed y cecru, roedd Mair wedi dychwelyd. Safai'n gegrwth wrth wylio'r gwrthdaro. Ond roedd Roger wedi cyrraedd pen ei dennyn. Gwthiodd ei ffordd tuag at Alwyn gan achosi i Mair ddisgyn yn erbyn y bwrdd nes dymchwel y diodydd. Ond yn anffodus i Roger nid oedd hwnnw wedi sylwi fod Joe yn sefyll wrth ei ysgwydd. Cydiodd Joe yng ngholer Roger a chydag un symudiad chwim fe'i peniodd rhwng ei ddau lygad. Disgynnodd Roger fel sach, ac am yr eildro mewn deuddydd fe ffrwydrodd gwaed o'i ffroenau.

I ganol y ffrwgwd cyrhaeddodd George o'r tu ôl i'r bar. Plygodd uwchben Roger yn ofidus.

"Ydach chi'n iawn, Roger? Beth yn y byd sy'n digwydd yma?"

Trodd i syllu o'i gwmpas ar y llanast a syrthiodd ei lygaid ar Joe. Ac yn sydyn, fel cynnau golau mewn stafell dywyll, daeth dealltwriaeth i'w lygaid. Cododd a gwthiodd fys i gyfeiriad Joe.

"Ti! Mi ddylwn i fod wedi dy adnabod di o'r dechrau cynta. Ti yw'r bastard greodd gymaint o hafoc yma'r tro diwetha ddaeth yr Eisteddfod yma. Dwyt ti ddim wedi callio dim. Dw i'n mynd i alw'r heddlu."

Camodd Joe o'i flaen i'w atal rhag cymryd cam ymhellach a gafaelodd yn ei goler.

"Cywiriad. Dwyt ti *ddim* yn mynd i alw'r heddlu. Ddim eto, beth bynnag. Fe ddylwn i fod wedi gwneud hyn i ti ugain mlynedd yn ôl. Ond gwell hwyr na hwyrach."

Plannodd Joe ei ddwrn ym mol y barman. Ffrwydrodd anadl hwnnw allan fel gwynt o fegin a disgynnodd yn swp ochr yn ochr â Roger. Yna cydiodd Joe yn y botel hanner gwag a throdd at Alwyn.

"Reit! MOM! Mas o 'ma!"

Rhuthrodd am y drws ag Alwyn yn ei ddilyn. Dim ond ar ôl cyrraedd y maes parcio y sylweddolodd Alwyn fod Mair ynghlwm wrth ei fraich.

12

"Diawl, 'rhen Stalwyn, rwyt ti'n rhy feddw i yrru whilber, heb sôn am gar."

"Sgen i ddim dewis ond gyrru. Rwy'n rhy feddw i gerdded."

Chwarddodd y ddau. Ond roedd Joe yn iawn. Ddylai Alwyn ddim bod ar gyfyl car. Ond, fel yr atgoffwyd hwy'n gynharach gan Pontshân, os wyt ti byth mewn trwbwl, treia ddod ma's 'no fe. A dyna a wnaethai Alwyn. Gyrru o'r lle fel cath i gythrel.

Eisteddai Joe yn y cefn yn sipian o'r botel Jack Daniel's tra oedd Mair yn siario'r seddi blaen gydag Alwyn. Yn anffodus, gyrru'n ddall wnâi Alwyn. Doedd ganddo ddim o'r syniad lleiaf i ble dylai fynd. Daeth Joe i'r adwy.

"Anela at y maes pebyll. Fe fydd 'na barti yn fan'ny, siŵr Dduw."

Cytunodd Mari.

"Syniad da. Mi fydd yn rhaid i fi fynd i'r babell i newid. Yn ystod y ffrwgwd fe gollodd rhywun beint o gwrw drosta i."

Erbyn hyn roedd Alwyn yn dechrau cael ei wynt ato ac yn gyrru ychydig yn gallach wrth iddo gyrraedd cyffiniau'r dref.

"Meddylia, Joe, yr hen George yn dy gofio di wedi'r

holl flynyddoedd. Wnaeth e ddim fy nghofio i, chwaith, er 'mod i'n aros yn y gwesty."

Chwarddodd Joe.

"Fel ddwedes i. Rwyt ti wedi newid yn uffernol. Doedd e ddim yn dy nabod di y tu ôl i fasg y cyfryngi. Ond diawl, roedd heno'n agos iawn at fod yn rhan o'r hen ddyddie. Ac ry'n ni ar y ffordd i wireddu'r noson ddelfrydol. Ry'n ni wedi meddwi, ry'n ni wedi cael ffeit. Dim ond y tships sydd ar ôl. Ac, wrth gwrs, os cawn ni amser... Ti'n gwbod be sy'n dod wedyn."

Prysurodd Alwyn i dorri ar ei draws rhag i Mair glywed y cyfan.

"Sori bo' fi wedi dod â ti mewn i'r holl drwbwl 'ma. Ond fe wnes i dy lusgo di ma's rhag ofn y caet ti broblem gyda'r heddlu."

"O, does dim angan ymddiheuro. Mi wnes i fwynhau pob munud."

Wrth iddynt droi i mewn i'r fynedfa i'r maes pebyll, trosglwyddodd Joe'r botel i Alwyn. Gan yrru ag un llaw, yfodd yntau yn ddwfn ohoni ac ymunodd â Joe mewn cân.

"Er nad yw 'nghnawd ond gwellt
A'm hesgyrn ddim ond clai,
Mi ganaf yn y mellt –
Maddeuodd Duw fy mai..."

Sgrialodd y car i stop yn ymyl coelcerth gerllaw'r pebyll. Neidiodd y tri allan. Ond tra aeth Joe i ymuno â'r gloddestwyr o gwmpas y tân fe benderfynodd Alwyn hebrwng Mair i'w phabell.

Dim ond ar ôl eistedd yn y babell y sylweddolodd Alwyn fod potel *Bourbon* Joe yn dal yn ei law. Cymerodd lwnc dwfn ohoni. Yna eisteddodd ar y cynfas llawr gan geisio'i ddarbwyllo'i hun nad oedd ganddo'r un diddordeb fod Mair wrthi, y tu ôl iddo, yn diosg ei dillad gwlyb. Yna penderfynodd mai sioe fach ar ei gyfer ef oedd hon a throdd i edrych arni.

Erbyn hyn roedd Mair wedi gwisgo dillad isaf glân ac yn brwydro i wthio'i choesau hirion i'w jîns. Closiodd Alwyn ati yn llawn gobaith.

"Maen nhw'n dweud fod pethau'n mynd mewn cylchoedd. Ugain mlynedd yn ôl ro'wn i yng nghwmni Liz. Nawr, dyma fi yng nghwmni ei merch."

Cododd Mair a safodd yn herfeiddiol bryfoclyd o'i flaen, ei dwylo ar ei chluniau a sip ei jîns yn dal heb ei gau. Syllodd Alwyn gyda blys ar ei chroen gwelw, meddal. Llyfodd ei weflau yn ddisgwylgar. Cymerodd Mair gam yn ôl.

"Sut noson gawsoch chi'ch dau, 'te? Y gwir y tro hwn, nid rhyw fersiwn bach *Mills and Boon* fel ges i'n gynharach."

Cwestiwn plaen, meddyliodd Alwyn. Ond cwestiwn nad oedd i gael ateb plaen.

"Dwyt ti byth yn disgwyl i fi ddatgelu cyfrinachau am dy fam dy hunan? Beth bynnag, fe ddylet ti fedru defnyddio dy ddychymyg. Roedd y ddau ohonon ni'n ifanc ac yn ffôl. Beth fyddet ti'n ddisgwyl fydde'n digwydd rhwng bachgen a merch ifanc mewn pabell mewn Steddfod, a neb i darfu arnyn nhw?"

Closiodd Alwyn yn nes ati a cheisiodd osod ei fraich o gwmpas ei hysgwydd. Ond fe'i gwthiodd i ffwrdd. Llithrodd Alwyn a disgynnodd ar lawr y babell.

"Gan bwyll, Mr Mathews."

Cododd Alwyn gyda chryn drafferth. Roedd yr holl yfed yn dechrau dweud arno. Ond fe'i sobreiddiwyd rhyw ychydig gan eiriau Mair.

"Hei, beth yw hyn? Llai o'r ffurfioldeb 'na. *Mr* Mathews, wir!"

Ond doedd dim arwydd o wên ar wyneb Mair. Yn hytrach edrychai'n hynod o ddifrifol.

"Mae'n bolisi gen i bob amser i gyfeirio at unrhyw ddyn sy'n hŷn na 'nhad fel Mr."

Roedd Alwyn yn syfrdan. Nid hon oedd y ferch a fu, lai na hanner awr yn gynharach, yn fflyrtio gydag e.

"Be ddiawl sy wedi codi arnat ti? Beth yw'r blydi gêm? Does dim angen cymryd agwedd fel'na, oes e?"

"Fe ddylai fod yn amlwg nad ydw i mor rhydd efo'n ffafrau ag oedd Mam. O leia, dyna'ch awgrym chi."

"Dw i ddim yn deall?"

"Roedd y ddau ohonoch chi'n ifanc ac yn ffôl mewn pabell mewn Steddfod. Dyna ddeudoch chi. Mae hynna'n awgrymu mwy na jyst cydio dwylo a chusanu."

"Wel? Beth oedd o'i le ar y ddau ohonon ni yn mwynhau gwres y foment?"

Chwarddodd Mair yn uchel. Trodd ei chefn arno a phwysodd ar bolyn y babell cyn ei wynebu unwaith eto.

"A rŵan dyma ni, fi yn ifanc ac yn ffôl efo *chi* mewn pabell mewn Steddfod. A dyma chi, yn hen ac yn ffôl yn ceisio'ch lwc. Ond yn ogystal â bod yn hen ac yn ffôl, Mr Mathews, rydach chi'n gelwyddgi hefyd."

Siglodd Alwyn ei ben. Roedd yr holl sefyllfa yn ei ddrysu'n llwyr.

"Dw i'n dal ddim yn deall."

"Wnes i ddim deud y cyfan wrthoch chi yn gynharach. Ydan, mae Mam, Dad a finnau'n sôn llawer amdanoch chi. Ond testun jôc ydach chi i ni. Fe ddeudodd Mam yr holl hanes un noson mewn parti yn y tŷ. Roedd hi wedi cael diferyn yn ormod o *Sherry*. Tipyn o fflyrt oedd Mam ac fe ddeudodd hi sut yr arweiniodd hi chi ymlaen. A sut y gwnaethoch chi droi'n gachgi a rhedeg 'nôl a'ch cynffon rhwng eich coesau at eich ffrind. Ac am fod mewn pabell, fuoch chi a Mam ddim yn agos at un. Ei cherdded hi adra wnaethoch chi. Dim byd mwy na hynny."

"Dyna stori dy fam."

"Ie, dyna stori Mam. Ac mi ydw i'n ei chredu hi."

Gwylltiodd Alwyn. Cydiodd yn ysgwydd Mair a'i hysgwyd.

"Iawn, ddigwyddodd dim byd rhyngddo i a dy fam. Do, fe ddwedes i ychydig bach o gelwydd. Ond dydi hynny ddim yn ddigon o esgus i ti ymddwyn fel hyn. Y bitsh fach ddigywilydd."

"Pwy? Fi neu Mam?"

"Y ddwy ohonoch chi."

"Pwyll bia hi rŵan, Mr Mathews. Peidiwch â chynhyrfu. Mi all fod yn beth drwg i galon hen ddyn fel chi."

"O, fel hyn mae hi i fod, ife? Fy nhynnu i ymlaen yn fwriadol er mwyn cael y pleser o 'ngwrthod i a gwneud ffŵl ohona i. Mae 'na ddau air bach addas iawn i ddisgrifio diawl bach fel ti. *Prick teaser.*"

"Ac mae 'na ddisgrifiad addas o rywun fel chi hefyd, Mr Mathews. Hen ddyn budr sy'n methu perfformio."

Bu bron iddo golli pob rheolaeth. Ond brwydrodd yn llwyddiannus i gadw'i ddwylo oddi arni. A diolchodd am hynny gan na wyddai ai ei orfodi ei hun arni a wnâi neu ei tharo. Trodd Alwyn oddi wrthi a shifflodd ei ffordd allan o'r babell. Yna gwthiodd ei ben yn ôl drwy'r agoriad.

"Stwffio ti'r diawl bach."

Gwenodd Mair yn fwriadol siriol arno wrth iddi gau sip ei jîns. Yna chwifiodd fysedd ei llaw mewn arwydd o ffarwél.

"Na, na, Mr Mathews. Dyna un peth na chewch chi'r pleser o'i wneud. A hyd yn oed petawn i'n fodlon, rwy'n ofni na fyddech chi fyny i'r job. Ta-ta, Mr Mathews. Mi wna i'ch cofio chi at Mam."

Baglodd Alwyn o'r babell a chrwydrodd o gwmpas gan ddrachtio'n ddwfn o'r botel. Roedd yr ast fach wedi trefnu'r cyfan i'w fychanu, i wneud ffŵl ohono. Ond i'r diawl â hi. Fe wnâi e ymuno â'r parti. Yn y cefndir medrai glywed llais Joe. A lleisiau ei gynulleidfa yn heclan arno.

"Mor hawddgar yw dy bebyll Di, o Arglwydd y lluoedd..."

"Cau dy geg, y twat..."

"Caea di dy geg, y bastard bach, cyn i fi dynnu dy berfedd di ma's drwy dwll dy din di. Fy enaid a hiraetha, ie, ac a flysia am gynteddau fy Arglwydd."

Wrth iddo nesáu, gallai Alwyn weld Joe yng ngoleuni'r goelcerth, ei hen gôt blastig ddu yn adlewyrchu'r fflamau a'i freichiau'n chwifio i fyny ac i lawr. Edrychai fel rhyw aderyn drycin yn ysgwyd ei adenydd o dan wallgofrwydd y lleuad. Fel rhyw ffenics yn codi o fflamau'r tân. A mwya i gyd oedd heclan ei gynulleidfa, ffyrnicaf i gyd oedd ymateb Joe.

"Adre, adre, blant afradlon..."

"O, dos i boeni rhywun arall. Gad lonydd i ni, taid. Dos adra i fagu'r gath..."

"Hei, llai o hynna'r bastard. Pasia'r botel 'na i fi cyn i ti feddwi ar wynt y corcyn. Fy nghalon a'm cnawd a waeddant am y Duw byw."

"Gwranda, dos o 'ma neu caea dy geg..."

"Blantos, blantos. Sdim parch 'da pobol ifanc heddi. Gwrandwch, y diawlied bach, rwy'n pregethu. Dw i ddim yn gofyn am blydi casgliad, jyst gofyn i chi wrando.

Aderyn y to hefyd a gafodd dŷ a'r wennol nyth iddi, lle y gesyd ei chywion."

"Pwy yw'r diawl cegog yna? Hei, ti, bygra bant… "

"Tawelwch, y barbariaid diawl. Chafodd Philip Jones erioed mo'r amharch 'ma. Sdim parch i bregethwr heddi. Dim parch i'r blydi Parchedig…"

Cafodd Alwyn hi'n anodd i gerdded yn unionsyth tuag at ffynhonnell y llais. Rhwng effaith yr alcohol a fflamau llachar y tân roedd ei ben yn troi fel olwyn fawr mewn ffair. Ymlwybrodd ymlaen yn simsan, gam wrth gam. Yna baglodd dros raff un o'r pebyll a disgynnodd ar wastad ei gefn. Pellhaodd geiriau Joe.

"Gwyn fyd preswylwyr dy dŷ, yn wastad y'th foliannant."

Gyda chryn ymdrech, llwyddodd Alwyn i godi. Erbyn hyn roedd e bron iawn o fewn cyrraedd i Joe. Ceisiodd weiddi arno. Ond baglodd unwaith eto gan ddisgyn ar ei hyd. Teimlodd surni'n codi yn ei wddf. Trodd ar ei ystlys a thaflodd i fyny. Yna trodd yn ôl ar ei gefn. Ac wrth iddo syllu i fyny i'r awyr drwy ddagrau meddwdod, trodd y lleuad a'r sêr yn un chwyrligwgan gwallgof.

13

Pan ddihunodd Alwyn gwelodd sgwaryn o awyr drwy ffenest car. Ac yna clywodd lais cyfarwydd yn ei gyfarch drwy gwmwl o fwg sigaréts.

"Ddihunest ti o'r diwedd 'te, 'rhen Stalwyn."

Cododd ei ben yn araf o sedd ôl y car a gwelodd Joe, mor iach â'r dydd, yn eistedd ar un o'r seddi blaen.

"Ble ydw i?"

"Oni bai amdana i, yn dy arch fyddet ti. Ond paid â gofidio, yn dy gar dy hun wyt ti."

"Dw i ddim yn cofio rhyw lawer ar ôl cyrraedd y lle 'ma neithiwr."

"Dw i'n synnu dim. Pan ffeindies i ti roeddet ti'n chwyrnu fel blydi camel yn ymyl y tai bach a'r botel *Bourbon* yn dal yn sownd rhwng dy fysedd di. Roedd hi'n wag gyda llaw."

Cododd Alwyn ar ei eistedd. Agorodd un o'r ffenestri ac anadlodd yn ddwfn. Pesychodd. Cymerodd sigarét oddi wrth Joe a gadawodd i hwnnw ei thanio.

"Sut wyt ti'n teimlo?"

"Ddim yn dda. Un llygad yn edrych ar y llall. Ond fel'na ydw i bob amser. Os nad oes gen i ben tost yn y bore fe fyddai'n mynd i weld y doctor."

Er gwaetha'r boen yn ei ben, gorfu i Alwyn wenu.

"Mae'n rhaid fod gen ti gyfansoddiad eliffant. Rwy i'n dal yn feddw."

"Nonsens. Dwyt ti byth yn wirioneddol feddw os nad wyt ti wedi colli dy gap a chachu llond dy drowser."

"Ti ddaeth â fi yma?"

"Ie, y Samaritan Trugarog ei hunan. Neu, yn fy achos i, Samaritan Tregaron."

Gosododd Alwyn ei ben rhwng ei ddwylo a griddfanodd.

"Paid, Joe. Mae hi'n rhy gynnar i jôcs gwael. Ond diolch i ti."

"Paid â diolch i fi. Cymhelliad cwbl hunanol oedd y tu ôl i'r cymwynas. Roedd angen lle i gysgu arna i. A dyma benderfynu y byddai dy gar di ryw ychydig yn fwy esmwyth na'r borfa. Ac wrth chwilio am y car fe wnes i faglu drosot ti. A dweud y gwir, fe ges i syndod dy weld di o gwbwl. O'wn i'n meddwl mai mewn pabell y byddet ti'n treulio'r nos. Gyda'r pishyn 'na."

Gorweddodd Alwyn yn ôl a cheisiodd gofio'r hyn ddigwyddodd yn y babell. Roedd y bitsh fach wedi'i dargedu o'r cychwyn cynta. Roedd hynna'n amlwg. A hynny gyda help y ddwy arall. A nawr fe fyddai hi'n dal ar bob cyfle i ailadrodd y stori wrth ei ffrindiau. Ac yn waeth fyth, wrth ei mam.

"Anghofia amdani. Mae hi'n dal i ramantu am *true love and Tampax*. Ond wyddost ti pwy yw hi?"

"Dim syniad."

"'Ti'n cofio'r ddau ohonon ni'n ôl yn 1959 yn gwylio'r *Monkey Parade*?"

"Ydw, mae gen i ryw frith gof. Fe est ti bant gyda rhyw glagen o'dd yn ferch i weinidog. Ac fe ges i belten 'da rhyw gaseg waith o Lanberis."

"Mae gen ti gof da. Wel, Mair, sef y pishyn yn y babell, yw merch Liz, honno wnes i ei cherdded hi adre."

Neidiodd Joe i fyny yn ei sedd a syllodd yn syn ar ei gyfaill.

"Ddim erioed. Arglwydd mawr, wyt ti'n sylweddoli be allai hyn olygu? Falle dy fod ti wedi cyflawni llosgach. Fe allai'r pishin 'na neithiwr fod yn ferch i ti."

Chwarddodd Alwyn wrth glywed damcaniaeth Joe.

"Dim peryg, 'rhen foi. Dim peryg. Mae hi o leia ddwy flynedd yn rhy ifanc i fod yn ferch i fi."

"A, wel. Does dim drwg wedi'i wneud felly. Cofia, petai hi yn ferch i ti, fyddwn i'n synnu dim. Rwyt ti wedi stwffio popeth posib dan haul yn dy dro. Fe stwffet ti ddraenog 'tai rhywun yn shafo'i din e."

Wnaeth Alwyn ddim ymuno yn chwerthin Joe. Teimlai braidd yn anesmwyth. Aeth allan o'r car a phwysodd ar ochr y to gan syllu rhwng ei freichiau ar Joe drwy'r ffenest agored.

"Dw i ddim yr hyn wyt ti'n 'feddwl ydw i, 'rhen foi. A dweud y gwir dw i ddim yr hyn ydw i'n feddwl ydw i, chwaith."

"'Ti wedi 'ngholli i nawr."

"Fe esbonia i wrthot ti. Rywbryd."

"Iawn, ma' hi braidd yn rhy gynnar i gyffesu. Ond be wnei di nawr?"

"Be fedra i 'wneud? Mynd adre."

"Diawl, aros gyda fi am wythnos. Cysgu yn y car. Fe fydd hi fel yr hen ddyddie. Wel, bron iawn."

"Dim diolch. Ma' un noson ar y cwrw yn ddigon... yn ormod... yn dy gwmni di erbyn hyn. Rwy mas o bractis, 'rhen foi."

"Bolocs! Dim ond rihyrsal fach o'dd honna neithiwr. Rhyw ymarfer bach ar gyfer y gymanfa fawr o yfed sydd i ddod ar hyd yr wythnos."

Yna, yn sydyn, difrifolodd Joe. Camodd allan a phwysodd ochr yn ochr ag Alwyn, ei freichiau yntau yn gorffwyso ar do'r car.

"Gwranda, 'rhen Stalwyn. Os nad wyt ti'n ffansïo wythnos ar y pop gyda fi, gwna un peth er fy mwyn i. Ac er dy fwyn dy hunan. Cer 'nôl at dy waith."

Ni allai Alwyn gredu'r peth. Bu'n rhaid iddo syllu'n fanwl ar wyneb Joe rhag ofn mai cellwair oedd e.

"Ti, o bawb, yn dweud wrtha i am fynd 'nôl i'r cyfryngau, 'nôl i Gaerdydd? Ond na wnaf. Mae'r fath beth â hunan-barch yn bodoli."

Ysgydwodd Joe ei ben yn ddoeth.

"Nid hunan-barch yw e ond styfnigrwydd. Reit. Fe gest ti dy drin yn siabi. Ond rwyt ti wedi talu'n ôl am hynny.

Wedi dial. Nawr mae'r sgôr yn gyfartal."

"Na, rwy wedi penderfynu. Rwy'n sicr fy meddwl."

"Alwyn bach, mae'r meddwl yn debyg i hen bâr o drôns sy wedi dechre drewi. Rhywbeth i'w newid yw e. Ystyria hyn. Mae dy angen di arnyn nhw. A phetaet ti ond yn cyfadde hynny, mae eu hangen nhw arnat tithe. Heb dy gyhoedd a dy gynulleidfa fe fyse ti fel alci heb ei ddos dyddiol o'r botel Meths."

Meddyliodd Alwyn am ysbaid. Yna camodd i mewn i sedd y gyrrwr a thaniodd yr injan.

"I ble ti'n mynd?"

"Draw i'r gwesty i nôl 'y mhethau."

"Ie, dyna o'wn i'n 'i ofni."

Camodd Joe yntau i'r car gan eistedd gyferbyn ag Alwyn.

"Bysai'n well i ti beidio â dod. Falle gwnaiff George dy weld ti."

"Treia'n stopo i. Beth bynnag, mae gen i ryw feddwl na fydd yr hen George yn 'i waith heddi. Er nad ydw i'n ddoctor, mae 'na dipyn o boen yn 'i fol e, ddweden i."

14

Llwyddodd Alwyn i gripian drwy dderbynfa'r Regal yn ddidrafferth. Cyrhaeddodd waelod y grisiau a gwnaeth arwydd ar i Joe ei ddilyn. Esgynnodd y ddau'r grisiau'n araf a phwyllog gan edrych o'u cwmpas wrth gamu o ris i ris.

Cyrhaeddodd Alwyn ei stafell. Gosododd ei glust ar wyneb y drws. Yna pwysodd yn ei erbyn. Roedd y drws ynghlo. Yna cofiodd y dylai'r allwedd fod yn ei boced.

Wedi'r cyfan, roedd e wedi gadael y Regal y noson cynt braidd yn ddiseremoni. Canfu'r allwedd yn ddwfn ym mhoced ei drowser. Gwasgodd un glust yn erbyn y drws unwaith eto cyn gosod yr allwedd yn llygad y clo a'i throi. Yna gwthiodd y drws yn agored yn araf. Roedd y stafell yn wag.

Cerddodd i mewn. Ac yna camodd allan unwaith eto i roi arwydd i Joe ei bod hi'n ddiogel iddo fentro i mewn. Rhedodd hwnnw ar flaenau ei draed ar hyd y landin fel petai'n cerdded ar haen o dintacs. Camodd i mewn i'r stafell a syllodd o gwmpas. Yna eisteddodd ar ymyl y gwely gan fyseddu'r blancedi a bownsio i fyny ac i lawr ar y matres spring.

"Ew, 'rhen Stalwyn, dyma beth yw moethusrwydd. Dipyn esmwythach na'r ffenest siop yna yn Abertawe."

Chwarddodd Alwyn wrth iddo gasglu ei ddillad a oedd ar chwâl ar hyd y stafell.

"Fe gei di'r allwedd, os wyt ti'n dymuno. Wedi'r cyfan, y cwmni sy'n talu am y stafell, nid fi. Ac maen nhw wedi talu am wythnos. Os byddi di'n garcus fe alli di lithro mewn a mas yn slei bach pan wyt ti'n teimlo fel 'ny."

Gorweddodd Joe yn ôl ar draws y gwely a syllodd ar y to.

"Dim diolch, 'rhen foi. Dw i ddim yn teimlo fel whare cwato â George am weddill yr wsnos. Beth bynnag, fedrwn i ddim cysgu mewn lle fel hyn. Mae hi'n rhy esmwyth yma. 'Esmwythach na Sodom yn nydd y farn…' "

Roedd Joe ar gefn ei geffyl pregethwrol eto.

Gwthiodd Alwyn weddillion ei ddillad yn drifflith-drafflith i'w fag. Yna eisteddodd ar erchwyn y gwely wrth ymyl Joe.

"Rwy'n methu deall pam nad est ti i'r weinidogaeth. Fe fyddet ti wedi gwneud pregethwr a hanner."

Pwysodd Joe â'i gefn yn erbyn y wal. Cydiodd yn y sigarét a gynigiwyd iddo gan Alwyn a gadawodd i hwnnw ei chynnau. Yna tynnodd yn ddwfn cyn chwydu allan gwmwl o fwg.

"Dyna oedd y bwriad, 'achan. Yr uchelgais fawr."

"Mae gen i gof am uchelgais arall. Ti'n cofio'r hen Williams y sgwlyn yn gofyn i ni'r dosbarth be oedden ni am fod? Tithe'n ateb a dweud dy fod ti am fod yn debot."

Ffrwydrodd pwl o chwerthin o fol Joe.

"Cofio'n iawn. A Williams yn holi pam o'wn i am fod yn debot, o bob peth."

"Ie, a tithe'n ateb dy fod ti am fod yn debot er mwyn cael bod â dy din at y tân drwy'r dydd."

Chwarddodd Joe unwaith eto.

"Fe fyddai hi wedi bod yn braf cael bod yn debot. Ond bod yn bregethwr oedd yr uchelgais mawr. Pan oedd plant eraill yn addoli John Charles neu Trevor Ford, fy arwyr i oedd Jubilee Young ac Idwal Jones Llanrwst."

"Be wnaeth i ti newid dy feddwl?"

"Sylweddoli fod byd o wahaniaeth rhwng pregethu a gweinidogaethu. Yr act o bregethu. Y gelfyddyd o sefyll mewn pulpud a pherfformio. Dyna oedd yn apelio ata i. Wnawn i byth weinidog. Fedrwn i ddim byw ynghanol rhagrith aelodau capel. Ond diawl, fe fydde cael pregethu yn rhywbeth fydde'n apelio'n fawr ata i."

Eisteddodd Alwyn ar waelod y gwely. Tynnodd yn ddwfn ar ei sigarét cyn troi at ei gyfaill.

"Joe, rwyt ti wedi gwastraffu talent fawr."

Chwarddodd Joe fel petai Alwyn wedi adrodd y jôc ddoniolaf yn hanes y byd. Siglodd y gwely gan ei chwerthin. Yna bu tawelwch hir cyn i Joe beswch ac ailgydio yn y sgwrs.

"Rwy'n gwerthfawrogi dy gonsýrn di, 'rhen Stalwyn. Ond dyw talent ddim yn golygu dim i fi. Mae 'na ddameg am y Talentau. 'Ti'n ei chofio hi? Wel, fe gladdodd un o'r tri yn y ddameg ei Dalent yn y ddaear. Ond fe'i ceryddwyd e gan Iesu Grist. Ond hwnnw o'dd yn iawn. Eto'i gyd, y boi wnaeth fuddsoddi ei Dalent ga'dd y ganmoliaeth. Rwtsh llwyr. Blydi cyfalafwr o'dd hwnnw. Roedd y boi 'na gladdodd y Dalent yn y ddaear yn ei deall hi. Fe gadwodd hwnnw'i Dalent yn saff nes fydde'r amser yn dod pan fedre fe'i defnyddio hi. O leia, roedd e'n driw iddo fe'i hunan. A dyna be sy'n bwysig."

Cododd Alwyn a throdd at Joe. Syllodd yn hir arno ac ysgydwodd ei ben mewn anobaith llwyr.

"Joe, Joe. Be wna i â ti? Beth am iti ddod 'nôl gyda fi? Rwy wedi cachu ar fy tships cyn belled ag y ma' Bethan yn y cwestiwn. Ac mae 'na soffa yn y fflat allet ti'i defnyddio nes cei di le. Ac os yw soffa'n rhy gysurus i ti, mae 'na lawr. 'Ti ddim mor ifanc ag oeddet ti. 'Ti ddim yn bwyta'n rheolaidd. 'Ti'n yfed llawer gormod erbyn hyn. Mae'r bywyd 'ma'n bownd o ddweud arnat ti. Dere'n ôl gyda fi."

Chwarddodd Joe unwaith eto. Pan fyddai Joe yn chwerthin roedd hi'n anodd gwybod ei fod e'n gwneud hynny heb i rywun ei weld e'n chwerthin. Chwerthiniwr gweledol yn hytrach na chwerthiniwr clywedol oedd Joe. Chwerthiniwr tawel, corfforol. Piffian chwerthin wnâi e. Yr unig arwydd o'i chwerthin fyddai'r siglo yn ei gorff. Ac roedd e'n siglo nawr, meddyliodd Alwyn, fel yr hen dractor Fordson Major ar fferm ei ewythr pan gâi hwnnw ei redeg yn ei unfan.

Yna ymdawelodd unwaith eto a thynnodd lond ei ysgyfaint o fwg. Cadwodd y mwg i mewn am hydoedd.

Yna pesychodd gan ffrwydro'r mwg i bobman.

"Arglwydd, 'rhen Stalwyn, 'ti'n gallu bod yn ddoniol weithie. Fedri di 'nychmygu i, o bawb, yn byw yng Nghaerdydd? Meddylia am y peth o ddifri. Ma' hynny mor annhebygol â Dewi Sant yn rhedeg clwb nos. A beth bynnag, am faint fydden ni'n dau yn para gyda'n gilydd? Paid byth ag edrych ormod 'nôl. Mae 'na ddrws – drysau – sy wedi'u cau am byth. Beth bynnag, wrth i ti edrych 'nôl fe weli di fod 'na ryw fastard sy'n ceisio dal lan 'da ti. Beth bynnag, pwy a ŵyr na fydd Carol a'r plant 'nôl gyda ti rywbryd. Beth wedyn?"

"Fe fyddai Carol yn fodlon dy gymryd ti mewn."

Wrth i Joe syllu yn ei lygaid gwyddai Alwyn iddo gymryd cam gwag. Gwelodd Joe'r euogrwydd yn ei lygaid yntau.

"Na, 'rhen Stalwyn. Weithiai hynny ddim. 'Ti'n gw'bod hynny'n dda."

Nodiodd Alwyn ei ben yn ddiflas.

"'Ti'n iawn. Chest ti ddim hyd yn oed wahoddiad i'n priodas ni. Mae'n ddrwg gen i. Ond cofia dy fod ti o leia'n galw os fyddi di byth yng nghyffiniau Caerdydd."

Cododd Alwyn ei fagiau a safodd o'r neilltu er mwyn i Joe gael mynd allan o'i flaen drwy'r drws.

"Iawn, 'rhen Stalwyn. Falle wna i alw… Os fydda i byth yng nghyffinie Caerdydd."

15

Ar y ffordd yn ôl drwy'r glaw mân i'r Maes Pebyll ni thorrodd y naill air wrth y llall. Llywiodd Alwyn drwyn y car i mewn drwy'r adwy mewn pryd i weld mwy nag un cysgadur yn gwthio'u ffordd allan o babell neu gar gan rwbio'r nos o'u llygaid. Trodd at Joe ac estynnodd law.

"Wel, 'rhen foi, mae hi wedi bod yn dda dy weld ti."

"Neis dy weld tithe, 'rhen Stalwyn."

Teimlai Alwyn yn anghysurus wrth i Joe ddal i eistedd yno yn syllu allan ar yr olygfa ddiflas o'u cwmpas.

"A diolch, Joe."

Trodd Joe ato braidd yn ddryslyd ac agorodd glicied drws y car gan hanner camu allan.

"Diolch am beth?"

"Am bopeth. Ar hyd y blynyddoedd. A Joe…"

"Ie?"

"Cofia beth ddwedes i. Dw i ddim yr hyn dw i'n ymddangos. Ddim yr hyn wyt ti'n feddwl ydw i. Rwy wedi byw twyll ar hyd y blynyddoedd. Does dim rhaid i fi esbonio. Rwyt ti, o bawb, yn sylweddoli hynny. Ond diolch i ti am chwarae'r gêm a chymryd arnat fy mod i'n dipyn o foi. A neithiwr fe wnest ti i fi sylweddoli gymaint o dwyll rwy wedi ei fyw mewn gwirionedd. Diolch i ti am hynny yn fwy na dim."

Dechreuodd corff Joe siglo unwaith eto.

"Arglwydd, 'rhen Stalwyn, beth yw hyn? Cyffes ffydd? Pwy sy *ddim* yn byw twyll? Beth yw bywyd ond un blydi twyll mawr. Wyddost ti pam wnaeth Duw lunio'r byd? Er mwyn creu'r jôc fwya mewn hanes."

Bu eiliadau o ddistawrwydd lletchwith, y naill na'r llall yn torri gair. Trodd Joe i adael. Ond cyn mynd, trodd yn ei ôl.

"Gan dy fod ti wedi cyffesu, man a man i finne gyfadde rhywbeth. Y stori yna fues i mor hoff o'i hadrodd. Honno am 'Nhad a Mam yn caru, 'Nhad yn filwr Americanaidd ac yn cael ei ladd yn Normandy."

"Dwyt ti byth yn dweud…?"

"Ydw, 'rhen Stalwyn. Celwydd i gyd. Ie, milwr oedd
'Nhad. Ond nid *GI* oedd e. Bachan o Ogledd Lloeger o'dd
e, aelod o'r Awyrlu. A phan ddwedodd Mam wrtho fe ei
bod hi'n disgwyl, fe adawodd e dros nos. Ddim ond
unwaith wnaeth Mam ei weld e wedyn. Fe aeth hi fyny i
ofyn am dipyn o gymorth i 'nghodi i. Chafodd hi ddim.
Mam-gu fagodd fi, 'rhen Stalwyn. Plentyn llwyn a pherth
o'wn i, a hynny mewn pentre bach. Meddylia'r fath fywyd
gafodd Mam. Cristnogion da'r ardal yn ei melltithio hi
am ddwyn gwarth ar ei theulu a'i chymdogion."

"Mae'n ddrwg gen i, Joe, wyddwn i ddim."

"Paid ag ymddiheuro. Wyddwn inne ddim nes i fi adael
yr ysgol. Ond fe aeth Mam drwy uffern. Fe gymerodd tua
blwyddyn iddi cyn mentro mynd â fi adre. Fe ges i
'nghadw'n gyfrinach ganddi hi a'i ffrindiau am fisoedd.
Mam yn lletya gyda'i ffrind yng ngwaelod y sir a finne'n
cael fy magu gan wahanol bobol. Bob tro y byddai Mam-
gu yn galw fe fyddwn i'n cael fy nghuddio gan y bobol
drws nesa. Ro'wn i'n cael fy nghuddio mor aml, fe ddylwn
i fod wedi cael fy medyddio yn Moses."

Wyddai Alwyn ddim a ddylai chwerthin ai peidio. Ond
yna sylwodd ar Joe yn ysgwyd. Gafaelodd ynddo ac yno y
bu'r ddau yn beichio chwerthin am rai munudau.

"Moses, myn uffarn i! Dim rhyfedd dy fod ti mor hoff
o bregethu dy bregeth fawr."

Taflodd Joe ei freichiau i'r awyr a bloeddiodd.

"Twll dy din di, Pharo!"

Yn sydyn tawelodd y ddau. Sychodd Joe'r dagrau
chwerthin o'i lygaid a throdd at Alwyn wedi llwyr
sobreiddio.

"Gwranda, cer adre nawr. Mae'n amlwg dy fod ti wedi

gwneud dy benderfyniad i fynd. Ac os wyt ti angen fy marn i, dyma hi: Rho alwad fach i Carol. Mae'r ddau ohonoch chi'n siwtio'ch gilydd. Yn y cyfamser mae hi'n fore yn Seion ac mae hi'n bryd i fi fwstro."

Trodd Joe at rai o'r bobl ifanc hanner cwsg a oedd yn ymlusgo heibio iddo fel robotiaid. Cododd ei freichiau i'r awyr a gwaeddodd yn ei lais pregethwrol gorau.

"Dihunwch, y diawlied. O'dd digon o sŵn 'da chi neithiwr. Nawr 'te, dewch. Pwy a rydd ymgeledd i ŵr sychedig? Y cynhaeaf sydd aeddfed ond y medelwyr sydd brin."

Trodd ambell un i syllu ar y dyn rhyfedd. Gwasgai eraill eu dwylo dros eu clustiau rhag cael eu byddaru. Ond cerddodd Joe i'w mysg yn hyf. Camodd at lanc llipa a oedd yn cario can o lagyr. Cymerodd Joe y can o'i law heb i hwnnw wneud unrhyw ymgais i'w atal. Gwenodd Joe arno.

"Diolch, fy mab. Mae fy angen i yn fwy na'th angen di ar hyn o bryd. Ond pan ddychwelaf drachefn, mi a'i haddalaf i ti."

Gwyliodd Alwyn ef yn drachtio'n ddwfn o'r can ac yn ymuno â'r giwed flinedig ar eu ffordd i'r dre. Cododd Joe ei freichiau'n uchel a llefarodd.

"O, deuwch i'r dyfroedd bob un y mae syched arno, ie, yr hwn nid oes arian ganddo..."

Taniodd Alwyn yr injan a llywiodd drwyn y car allan drwy'r fynedfa tua'r ffordd fawr. Cymerodd sbec yn y drych a gwelodd y criw o bobol ifanc, a Joe yn eu canol, yn graddol ddiflannu i'r glaw mân.

Gwasgodd fotwm y radio er mwyn dal y newyddion Saesneg o Gymru am un ar ddeg. Gwenodd wrth glywed fod staff technegol HTV wedi eu danfon adre. Heb dynnu ei lygaid o'r briffordd o'i flaen, gwthiodd gasét i'r peiriant chwarae. Mewn ymateb fe glywodd Dafydd Iwan yn canu:

'Rwy'n mynd yn ôl, 'nôl, 'nôl
i'r dyddiau a fu
pan oedd pawb yn sôn am y Beatles ac LSD
rhowch imi wên, rwy'n mynd yn hen,
rwy'n canu yn y côr, mae 'ngwaed i'n oer,
tynnwch y botel Brylcreem ma's o'r drôr...'

Gwenodd Alwyn arno'i hun yn y drych. Siaradodd yn uchel wrth ddiffodd y peiriant.

"Sori, Dafydd. Dim byd yn dy erbyn di. Ond rwy wedi cael digon ar blydi hiraethu am oes gyfan."

Gyrrodd allan o'r dre dros bont y Seiont. Wrth iddo yrru drwy Bontnewydd gwelodd giosg coch wrth ymyl y ffordd gyferbyn â'r Newborough. Parciodd gyferbyn â'r ciosg a diffoddodd yr injan. Camodd allan o'r car a chwiliodd drwy'i bocedi am lond dwrn o arian gleision. Roedd ganddo alwad i'w gwneud. Galwad bwysig.